中日在东盟的经贸关系研究

魏景赋 郭健全 王 疆 著

文匯出版社

前　言

　　中国和日本都是东盟重要的邻国。历史上,三方交集甚多,
文化上互相融合,政治经济合作密切。进入 21 世纪后,东盟国
家依托国际市场大力发展经济,一体化进程不断加快。凭借
其低廉劳动力、丰富资源及区域优势,东盟已经成为世界贸易
和投资最有活力和潜力的地区之一。东盟国家经济的持续增
长吸引了世界各国的目光,越来越多的国家意识到东盟市场
的重要性。除东盟 10 国分别与中、日、韩 3 国先期建立的 3
个"10 + 1"合作机制之外,还有旨在建设东亚经济共同体的东
盟 10 国和中、日、韩 3 国"10 + 3"合作机制、东盟 10 国与中
国、日本、韩国、印度、澳大利亚、新西兰、美国和俄罗斯 8 国的
"10 + 8"合作机制(又被称为东亚峰会)。而无论合作还是竞
争,地处欧亚经济枢纽的东盟市场,对中、日两个亚洲地区大
国的重要意义日益凸显。

　　对于中国而言,基于地缘经济的因素,积极发展与东盟的关
系不仅有利于中国经济的发展,还可以帮助中国更好地走向世
界。从东盟国家进口的大量资源令中国资源紧张局面日益缓

解;相互间贸易投资规模的不断扩大所形成的利益共同体,也有利于提高欧洲经中东至中国国际贸易通道的安全保障系数。中国在该区域的经济影响力增强、国际地位提高,更是东亚经济共同体衍生的自然成果,这对于促进中国与美国、日本等东盟任何一个经济利害第三方的国际化经济联系不无裨益。

对于日本而言,东盟是其重要的原料、能源进口地,日本每年都会从东盟各国进口相当份额的石油、天然气等资源。同时,人口众多的东盟区域也是日本重要的出口市场和直接投资对象。若能在东盟国家维持其强大的影响力,对于维护日本最为看重的国际贸易关键航道之一的马六甲通道安全,其重要战略意义不言而喻。美国总统特朗普在其 2017 年 11 月初的东亚之行时,表示美、日、澳、印四国共进退的"印太战略"成为美国政府的新亚太战略,作为盟国本就紧跟美国脚步的日本恰似瞌睡被递枕头,对此积极呼应,将东盟区域当成其实施印台战略、平衡中国"一带一路"倡议的关键环节而愈加重视。可以说,近二十年来对中国经济腾飞一直存在焦虑感的日本,发展与东盟的关系,既能为其谋求政治大国地位铺路,也必然期望籍此来遏制中国崛起的节奏。

东盟国家虽然在地理上与中国接近,具备发展双边经贸关系的良好条件,但在东盟成立初期,囿于政治形势和意识形态差异等多方面原因,双边经贸关系发展相当缓慢。以 1997 年亚洲金融危机为契机,中国与东盟的双边经贸关系才不断得到加强,特别是 2010 年 1 月中国-东盟自由贸易区的建立,使得中国和东盟实现了经济领域的几乎全方位对接,尤其是服务贸易、直接投资和商品贸易等领域的发展表现良好。"一带一路"倡议提出后,中国与东盟之间的贸易和投资关系又有了质的飞跃。

2017年,中国-东盟贸易总额达5 148亿美元（首次突破5 000亿美元）,同比增长13.8%。其中,中国向东盟市场出口2 791亿美元,同比增长9%;从东盟进口2 357亿美元,同比增长20%①。中国连续9年成为东盟的第一大贸易伙伴,东盟也连续7年成为中国的第三大贸易伙伴。东盟还是中国对外直接投资发展最快、投资规模位于前列的热点地区。2003年中国对东盟整体市场直接投资总额仅为1.19亿美元,而到了2016年则激增到了102.79亿美元,占当年度中国对外直接投资总额的5.2%②。2017年,并购投资异军突起,中国对东盟地区的并购金额高达341亿美元,同比增长268%,东盟事实上成为"一带一路"倡议实施的先导区域③。

传统上,日本是东盟最重要的贸易伙伴之一。1951年"旧金山和约"签署后,日本经过几年的努力,与东南亚国家关系开始转暖,带动了双方贸易投资的发展。东盟是日本工业原料的重要供应者,也是日本制造业的生产基地和重要的工业品市场;而日本则是东盟主要的贸易伙伴、经济援助的主要提供者④。2016年东盟对日本出口额为960.37亿美元,占东盟出口份额的10.98%,位列第四位;东盟从日本进口额为1 058.56亿美元,占

---

① 商务部网站,http://kmtb.mofcom.gov.cn/article/zhuantdy/201802/20180202709136.shtml.
② 《2016年度中国对外直接投资统计公报》,商务部、国家统计局、国家外汇管理局联合发布。
③ 安永(中国)《中国走出去》第七期报告《"一带一路"拓展宏图海外投资稳步前行》https://v.eqxiu.com/s/cBy3HYSJ.
④ 乔林生《日本对外政策与东盟》,北京:人民出版社,2006年12月第1版,第61页。

东盟进口份额的 12.51％,位列第二,仅次于中国①。对外投资方面,日本长期以来都是东盟国家吸收外资的主要来源国,在对东盟投资中占有十分重要的地位。不过,1997 年亚洲金融危机之后,日本对东盟 OFDI 急剧减少,2000 年之后开始回升,直至 2005 年才超过危机前的水平②。另外,随着中国经济的高速发展和吸引外资能力的增加,日本对东盟直接投资逐渐减少并流向中国大陆,对中国的直接投资额迅速超过对东盟的投资额③。但是近年来,由于中国劳动力价格的上升、中日关系的持续紧张和日本对中国经济减速的忧虑,日本企业直接投资的重心再次向亚洲其他国家转移,而快速发展的东盟各国重新成为其主要投资目的地。

2008 年国际金融危机之后,日本也逐渐感受到了中国在东盟市场强劲发展所带来的挑战。中国在成为东盟最大贸易伙伴的同时,与东盟之间的合作领域也随之不断扩展,大量基础设施建设、跨境高铁网络和石油、天然气管道等项目的逐渐落地展示了中国企业的投资雄心。为了巩固自身在东盟市场贸易和投资方面的竞争优势,避免落后于中国,近年来日本对东盟国家的投资力度也逐渐加大。根据东盟秘书处数据,2016 年日本对东盟国家的直接投资总额高达 1 536 亿美元,是 2007 年的 1.31 倍,投资总额呈现迅速增加的态势④。

---

① 数据来源:东盟秘书处,网址:http://www.aseansec.org.
② 戴建伟(印尼),"东北亚对东南亚的直接投资",《南洋资料译丛》2011 年第 2 期。
③ 石井久哉(日本),"日本对中国和东盟直接投资的动向与展望",《南洋资料译丛》2004 年第 3 期。
④ 数据来源:东盟秘书处,网址:http://www.aseansec.org.

中日两国与东盟经贸关系飞速发展的直接后果就是让东盟市场日益成为中日两国贸易与投资竞争的重要舞台,中国-日本-东盟的经济三角关系近年来也在朝着中国周边经济研究的热点议题演变。尽管中日两国在立足东盟市场存在的直接竞争关系基础上,不断加快向东盟转移投资的步伐,但两国间的经济竞争却并非完全此消彼长的关系。整体而言,东盟与中日各自的双边贸易和投资关系各具特色,在部分产业甚至存在着明显的互补空间。因此,深入分析中日两国经济势力在东盟市场上的竞争,对达成互补互惠的三方共赢关系具有重要的现实意义。当然,日本作为传统的贸易和投资大国,其在东盟市场的成熟经验也值得正在力争经济全球化的中国学习与借鉴。

本书以中国-日本-东盟三者之间的经贸三角关系为研究对象,具体从商品贸易、服务贸易、直接投资和产业转移四个方面深入分析和探讨,试图立体化地梳理中国和日本在东盟市场上的经贸竞争态势以及可能的合作潜力,使之清晰地展现在读者面前。

我们的写作思路是,首先以中日对东盟贸易关系为主线,介绍中日对东盟商品贸易与服务贸易发展现状;然后对比分析中日对东盟直接投资及其经济效应;最后以三方之间的产业转移作为研究点,总括三方的经贸竞合关系。有关篇章结构内容的安排如下:

第一章,从商品贸易角度出发,对中日与东盟的贸易情况进行对比研究。通过比较分析中日与东盟商品贸易的规模与结构,归纳出中日和东盟之间商品贸易的主要特点及发展趋势,明确中日对东盟市场商品贸易的竞争性和互补性。进而以出口相似度指数、区域显示性比较优势指数和贸易互补性指数、产业内贸易指数对中日与东盟贸易的竞争性和互补性进行分析,并从要素禀赋、产业结构和政策导向三个方面分析中日之间存在差异的原因。

第二章,关注中日对东盟服务贸易及竞争力状况。文章在介绍中日与东盟服务贸易现状的基础上,以新加坡为例,分析了中日在新加坡市场服务贸易的规模、结构,并比较研究了中日两国在东盟的服务贸易竞争力。

第三章,着眼于中日对东盟的直接投资,从历史纵深的角度分别研究日本、中国对东盟直接投资的发展过程、规模变化趋势以及部门结构变化过程,并分析中日对东盟直接投资力量对比的演变历史,进而展望未来的竞争格局。在研究中日对东盟直接投资市场贡献度的基础上,实证分析中日对东盟直接投资的经济增长效应、贸易效应和就业效应。

第四章,研究焦点是中国对东盟地区产业转移的贸易效应,并将之与日本对东盟地区的产业转移进行比较分析。在分析中国和日本对东盟地区产业转移及进出口贸易现状的基础上,实证分析中国和日本对东盟地区直接投资的进出口贸易效应。通过中日对东盟地区产业转移的对比分析,确认中国和日本之间可能存在的路径差距,力图借鉴日本对东盟地区产业转移及东盟承接产业转移的成功经验,为中国在第三国(区域)市场的产能合作寻找有效路径。

最后的第五章,则在总结以上各章内容的基础上,分别从商品贸易、服务贸易、直接投资及其经济效应、产业转移及其贸易效应四个角度,高度概括中日两国在东盟的经济竞合关系内涵。

我们期望,这种提炼性总结和展望能使我们的读者可以认识到,中日两国作为东盟国家最为重要的经贸伙伴,双方对东盟国家的竞争合作关系存在着不同的特征和重要差异。为避免鹬蚌相争的最坏局面,在第三方市场良性互动力避恶性竞争,寻求合作机会,在合作中实现良性互动才是多方共赢的最佳选择。

作　者
2019 年 3 月

目　录

第一章
东盟视角下的中日商品贸易博弈

2010 年 10 月 27 日韩国《朝鲜日报》发表文章《中日争相"拉拢"东南亚国家》,文章指出中日围绕东盟国家展开的竞争不断升级。其后,东盟国家成为中国推进"21 世纪海上丝绸之路"计划的重要组成部分,也是中国和日本共同的重要贸易伙伴。随着"一带一路"倡议影响的日益广泛和中日两国"双重崛起"的交锋,分析中日两国对东盟贸易的竞争和合作关系显得十分重要。

中国和日本都是东盟重要的邻国,两国与东盟地理位置接近,历史上有所交集,文化上互相融合,政治经济合作密切。1997 年东南亚金融危机之后,中国与东盟的关系不断加强,特别是 2010 年 1 月中国-东盟自由贸易区的全面启动和 2014 年之后"一带一路"倡议的顺利推进,使得中国和东盟可以在多重领域实现全面互动,同勉共赢,尤其在服务贸易、相互投资和货物贸易领域的发展表现良好。与此同时,日本也更加积极地发展与东盟的关系。中国-日本-东盟的经济三角关系成为近年来中国周边经济研究的一个热点。

东盟国家利用本国低廉的劳动力、丰富的原料及区域优势，依托国际市场大力发展经济，不断推进一体化进程。尤其是最近十几年，东盟各国在经济上进入了高速发展轨道，自 2001 年起 10 个成员国年均国内生产总值就一直保持强劲增长势头，由 2001 年的 4.36％增至 2007 年的 7.4％，从 2003 年起连续 5 年增长率高于 6.5％；2008 年和 2009 年，受金融危机影响，增速虽有所减缓，但至 2010 年又开始强势复苏，增长率曾一度达到 7.67％高位；2010 年之后的东盟经济尽管增速呈放缓趋势，但年均增长率仍保持在 4.5％到 5.8％之间。这表明东盟国家潜力巨大，具有广阔的市场经济发展前景。此外，东盟国家本身又具有丰富的橡胶、木材、有色金属、煤炭、石油天然气等资源和多种农产品，也是当今世界经济发展最具活力和潜力的地区之一。区域内经济的快速发展，吸引了越来越多的国家参与到东盟市场的竞争中，中日两个亚洲地区大国更不敢有丝毫懈怠。

　　对于日本而言，东盟是其重要的原料、能源进口地，每年都从东盟进口相当份额的石油天然气等资源。日本自身市场狭小，而东盟国家人口众多，促使东盟成为日本重要的出口市场和直接投资对象。在东盟建立强有力的影响有利于保障日本海上通道的安全，对于日本更具有重要的战略意义。发展与东盟的关系能为日本谋求政治大国地位铺路，也是其实施大国战略、遏制中国的一个手段。

　　对于中国而言，基于地缘经济的因素，积极发展与东盟关系同样有利于中国经济的发展，使其成为中国企业走向世界的一个重要跳板。而且发展与东盟的关系也有利于中国提高国际地位和增强在该区域的经济影响力。中国与东盟关系的深入发展有利于牵制美国和日本，从东盟进口大量的资源也可以一定程度上缓解中国资源紧张局面，有利于保证中国从中东进口石油的海上通道安全。

中日都将东盟作为重要的贸易伙伴，中日之间存在的竞争与合作，在很多方面可以互相借鉴。这里通过比较分析中日在东盟市场上贸易状况，对中国更好地开展与东盟的经贸合作、优化产业结构、促进相互间产业转型升级和联动发展有着重要意义。

第一节 中日对东盟商品贸易现状对比分析

一、研究范围

本节采用联合国统计署贸易数据库（UN Comtrade Database）的数据，对中日在东盟市场上的商品贸易状况进行对比分析。联合国统计署贸易数据库是目前全球最大、最权威的国际商品贸易数据型资源库，每年超过 200 个国家和地区向联合国统计署提供其官方年度商品贸易数据，涵盖了全球 99％的商品交易，真实地反映了国际商品流动趋势。数据库收集了超过 6 000 种商品的、迄今积累了约 17 亿条数据记录，最早可回溯至 1962 年。各国家地区上报的数据均被转换成联合国统计署的统一标准格式，所有商品价值按呈报国家的货币汇率或月度市场比率和交易额度转换成美元，商品数量可被转换成公制单位。数据库提供多样化的个人服务，并可提供不同需求的检索及查阅，结果可以以多种形式导出，方便实用①。

　　本书主要采用 UN Comtrade Database 中 2001—2016 十六年间中日对东盟贸易的数据来进行研究。产品分类采用国际贸易标准分类，即 Standard International Trade Classification，简称 SITC。SITC 采用经济分类标准，即按原料、半制成品、制成品分类，反映商品的产业部门来源和加工程度。该标准目录使用 5 位数字表示，第 1 位数字表示类，前两位数字表示章，前 3 位数字表示组，前 4 位数字表示分组。标准共分 10 个门类、50 个大类、150 个中类和 570 个细类，以作为各国际机构做贸易统计报告和对世界贸易进行系统分析的共同基础。在这里，主要比较分析中日对东盟商品贸易的整体分类状况，故采用 SITC 一位数法进行对比研究。

二、中日对东盟商品贸易规模对比分析

　　中日在东盟对外贸易中占据重要地位。从表 1-1"2016 年主要国家在东盟的市场份额"可以看出，在东盟出口市场，中国所占份额最大，为 16.42％，美国紧随其后，份额达到 14.99％，日本为 10.98％；而在进口市场上，中国已超过日本、欧盟和美国，成为东盟进口商品第一大来源国，2016 年东盟对中国的进口商品总额达到 2 245.08 亿美元。

---

① 罗云，《中国与墨西哥贸易竞争性与互补性研究》北京，对外经济贸易大学出版社 2010 年。

表1-1　　　2016年主要国家在东盟的市场份额(单位：%)

国　　家	出口市场	进口市场
中　　国	16.42	26.54
美　　国	14.99	9.54
欧　　盟	14.92	12.19
日　　本	10.98	12.51

数据来源：东盟秘书处统计数据 www.asean.org。

观察表1-1会发现，2016年中国和日本占据了东盟出口市场整体份额的27.4%，而从进口市场上看，两国又分别是东盟的第一、第二大进口来源国。中日历来重视与东盟的经贸发展，而东盟作为东亚最具发展潜力的地区之一，亦是中日在亚洲重要的贸易伙伴。

近年来，中日两国都大力发展与东盟的经贸关系，其中商品贸易规模的扩大速度令人惊讶。尤其是中国，在2017年和东盟贸易总额已达5 148.2亿美元，是2003年的6.6倍，连续9年成为东盟第一大贸易伙伴，东盟则连续7年成为中国的第三大贸易伙伴[①]。中国商务部发布的最新数据表明，2018年1—5月，中国-东盟贸易额同比增长18.9%，达到2 326.4亿美元，增速愈加显著。

下图(图1-1)为中日与东盟2001—2016年历年贸易总额对比图，由图中可以看出，该期间的中国-东盟双边贸易发展迅速，日本-东盟双边贸易关系较为稳定。总体来说，中日对东盟贸易发展过程可分为如下四个阶段：

(1) 2001—2008年。中国和日本对东盟贸易额均呈现上升趋势，日本上升趋势较为稳定，从2001年的1 086.71亿美元，增长

---

① 新华丝路网站 http://silkroad.news.cn/2018/0201/82569.shtml.

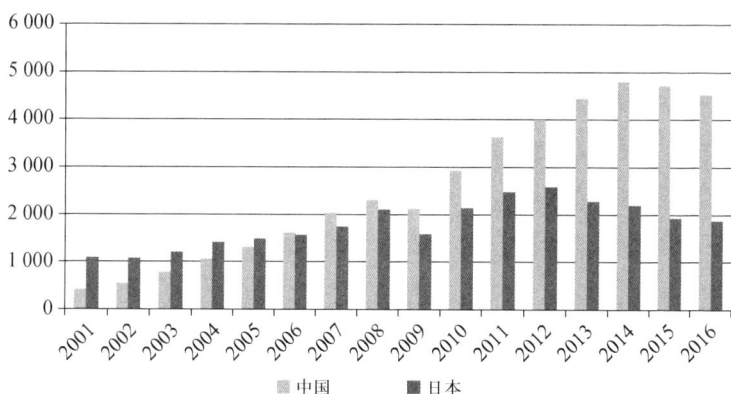

图 1 - 1　中日与东盟历年贸易总额(2001—2016)

数据来源:根据 UN Comtrade Database 数据计算而来。

至 2008 年的 2 104.23 亿美元,增速为 93.63%。而中国在 2001 年与东盟贸易额总量较小,为 415.91 亿美元,仅为日本的 38.27%,但增长势头强劲,贸易额逐年攀升,至 2006 年,中国对东盟的进出口贸易总额首次超过日本。到 2008 年,中国对东盟的贸易总额增至 2 313.2 亿美元,与日本对东盟贸易额不相上下,增速达到惊人的 456.18%。这说明中国与东盟的经贸关系日益密切。

(2)2009 年。受金融危机影响,中国和日本与东盟的贸易总量较前一年均有所减少,分别下降了 7.9% 和 24.8%。同时我们也可以看出,相对于日本,中国对东盟的进出口贸易受金融危机的冲击较小。

(3)2010—2013 年前后。2010 年各国经济不断复苏,同时此年 1 月 1 日,中国-东盟自由贸易区正式全面启动,中国与东盟相互间合作关系又进入一个新的发展阶段,双边贸易额大幅度回升,达到 2 928.38 亿美元,增幅达 37.5%。日本与东盟贸易额也有所回升,为 2 138.81 亿美元,但仍低于中国。至 2012 年,日本与东盟的贸易总额达到历史最高点,为 2 585.57 亿美元;而中国对东盟贸易总额在 2014 年达到峰值,为 4 802.86 亿美元。中日两国对东盟的进出口贸易总额在 2013 年前后达到峰值,这与世界经济形势的波动有着密切关系。

(4)2013 年前后至今。2013 年后,在全球经济疲软的背景下,中日对东盟的贸易额也受到了一定的影响,这在日本-东盟贸易关系上体现较为明显。2014 年中国提出了“一带一路”倡议,不断加强与周边国家的经济贸易关系,因此,虽然中国-东盟贸易总额略有下降,但总体依旧保持在较高水平。2016 年中国对东盟的贸易总额为 4 523.08 亿美元,而日本对东盟的贸易总额为 1 880.06 亿美元,仅为中国的 41.6%。

除了总量分析,对比中国和日本分别在东盟进口市场和出口市场的份额变动情况,如下页图 1-2 和图 1-3 所示,从贸易规模角度观察的与东盟的经贸关系而言,中国地位在不断上升,重要程度逐渐超过日本。

首先从中日两国在东盟进口市场的规模上看,中国由 2001 年的 197.5 亿美元上升到 2015 年的 2 065.6 亿美元(2009 年受金融危机的影响有所下降),2016 年为 1 584.8 亿美元,虽然有所下降,但总量依旧可观;市场份额从 2001 年的 5.9% 上升到 2015 年的 20.3%,2016 年略有下降,为 19.4%。日本由 2001 年的 582.5 亿美元上升到 2012 年的 1 292.3 亿美元;2013 年之后,总体呈下降趋势,市场份额由 2001 年的 17.3% 下降到 2016 年的 9.7%,降幅相对较大。2007 年东盟从中国的进口额首次超过从日本的进口额。

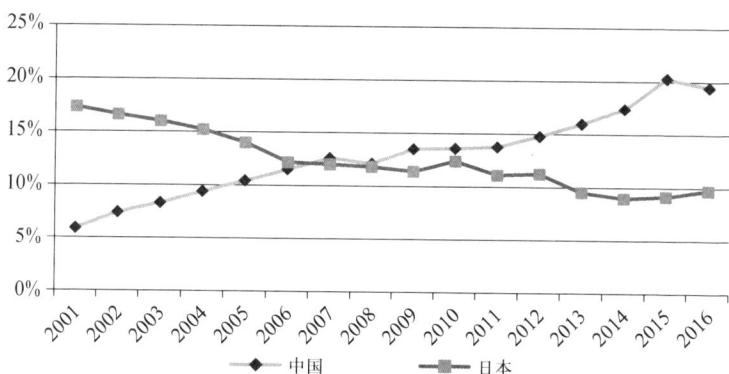

图 1 - 2　中日两国在东盟进口市场的份额对比(单位:%)

数据来源:根据 UN Comtrade Database 数据计算而来。

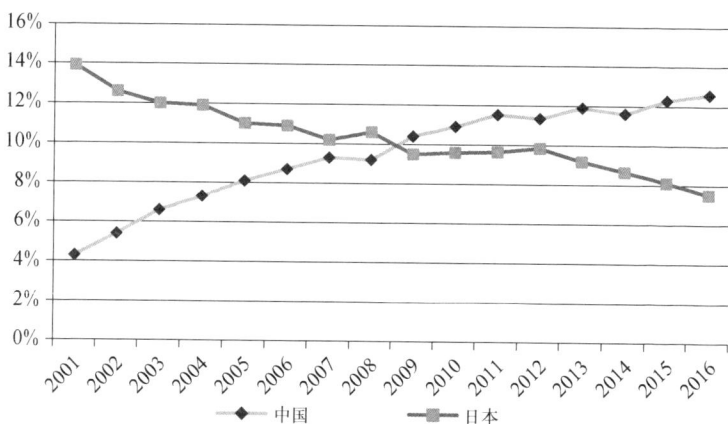

图 1 - 3　中日两国在东盟出口市场的份额对比(单位:%)

数据来源:根据 UN Comtrade Database 数据计算而来。

　　东盟对中国的出口规模从 2001 年的 165.71 亿美元迅速增加到 2013 年的 1 429.5 亿美元(2013 年后总体有所下降);市场份额一路呈上升趋势,从 2001 年的 4.3% 大幅度上升到 2016 年的 12.6%。东盟对日本的出口从 2001 年的 530.3 亿美元上升到 2012 年的 1 181.1 亿美元(2012 年后下降较为明显);但日本在东盟的市场份额却一路下滑,从 2001 年的 13.9% 下降到 2016 年的 7.5%。由此可见日本在东盟出口中的地位一直在下降,而中国在东盟出口总额的份额不断提高,并在 2009 年末首次超过日本,成为东盟第一大出口市场。

三、中日对东盟商品贸易结构对比分析

一个国家或者区域的贸易结构受到它自身资源禀赋的影响,其贸易结构不仅可以基本反映该国或该区域的产业结构和经济发展水平,也能够从中窥见该国(或区域)在国际贸易中的比较优势所在。

表 1-2　　　　　国际贸易标准分类 SITC1 位分类表

SITC 标准分类	目　　　录
SITC0	食品与活动物
SITC1	饮料及烟类
SITC2	非食用原料
SITC3	矿物燃料、润滑油及有关原料
SITC4	动植物油脂及蜡
SITC5	化学制品及有关产品
SITC6	工业品
SITC7	机械及运输设备
SITC8	杂项制品
SITC9	未分类的制成品

我们采用国际贸易标准分类(Standard International Trade Classification,简称 SITC)对中日对东盟的商品贸易结构进行对比

分析,如上表1-2所示：SITC标准分为十个门类,其中SITC0、SITC1、SITC2、SITC3和SITC4为初级产品,SITC6及SITC8为劳动密集型产品,SITC5、SITC7及SITC9为资本密集型产品。

首先,基于联合国贸易署统计数据库UN Comtrade 2016年数据,我们分析一下中国和日本从东盟进口的商品结构。下图1-4和图1-5分别为中国和日本从东盟进口商品的结构图。

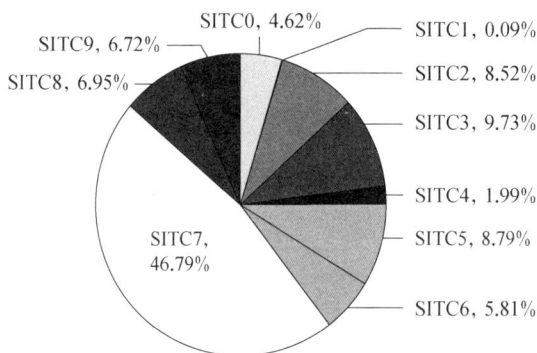

图1-4 2016年中国从东盟进口商品结构

数据来源：根据UN Comtrade Database数据计算而来。

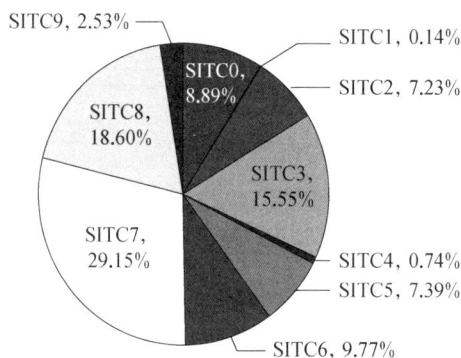

图1-5 2016年日本从东盟进口商品结构

数据来源：根据UN Comtrade Database数据计算而来。

以上两张图中的数据表明：

（1）中国从东盟进口商品种类中，以机电类产品所占金额最大。2016年，中国从东盟进口机械及运输设备贸易额为918.46亿美元，占从东盟进口总额的46.79%，比例接近一半。此外，中国还从东盟进口大量的矿物燃料、润滑油及相关原料，占2016年中国从东盟进口所有商品总额的9.73%。东盟的塑料、橡胶等化学制品及有关产品对中国也很重要，占据中国进口贸易额的8.79%，达172.62亿美元。

（2）日本从东盟进口的主要产品中，虽然机电类产品份额也达到29.15%（269.37亿美元），但明显小于中国的该项比例。杂项制品所占的比例也较大，为18.6%；矿物燃料、润滑油及相关原料等资源类产品比重排列第三，占比为15.55%。从图中还可以看出，日本从东盟进口产品的结构也较为均衡，初级产品、劳动密集型产品和资本密集型产品的占比分别为32.56%、28.37%和39.07%。

（3）中国和日本从东盟进口商品的种类较为类似，机电产品、资源类产品及资本密集型产品均占主要地位，但比重各有侧重。中国从东盟进口产品主要为资本密集型产品（占比为62.3%），而日本从东盟进口的产品结构比较均衡。

随着中国经济的快速发展，对矿物资源和能源的需求将更加迫切。而东盟具有丰富的自然资源，比如越南具有丰富的煤、铝、铁、铜、金和石油，其中煤炭储量约400亿吨，铝储量12.5亿吨；印度尼西亚、文莱都是重要的石油生产国。但是中国进口的矿物性产品如煤炭、铁矿石及石油等主要还是来自南美、中东及澳大利亚，来自东盟的进口份额较小。以2016年为例，中国总进口矿物性产品1 765.26亿美元,来自东盟的贸易额仅为191.1亿美元,占总份额的10.83%。直至目前,东盟国家丰富的资源主要出口到日本市场而非中国,欲获取更多的资源,可以说中国须有与日本对东盟国家资源开发相抗衡的投资力度才行。

同样,基于联合国贸易署统计数据库UN Comtrade 2016年数据,我们再来探讨一下中国和日本向东盟出口的商品结构。从下页图1-6和图1-7中的数据也可以看出:

(1)中国向东盟出口的商品中,资本密集型产品占据主要部分。2016年中国向东盟出口的资本密集型产品总计1 212.38亿美元,占中国向东盟出口商品总额的47.36%;紧随其后的是劳动密集型产品,占比为42.9%。出口的资本密集型产品中,机电类产品出口额为992.91亿美元,占中国向东盟出口商品总额的38.79%;而工业制品在出口的劳动密集型产品中占据重要地位,出口额为692.8亿美元。

(2)日本向东盟出口产品也以资本密集型产品为主。2016年日本向东盟出口的资本密集型产品总额为674.37亿美元,占日本向东盟出口商品总额的70.55%;其中机电类产品的出口额为491.38亿美元,占日本向东盟出口商品总额的51.41%。出口工业品为174.5亿美元,占总份额的18.26%;出口化学制品及杂项制品分别为84.8亿美元和63.99亿美元,占总份额的8.87%和6.69%。

(3)中日两国对东盟的主要出口商品同为机电产品、原料制成品及资本密集型产品。其中,日本出口机电产品的比重远大于中国;中国出口的劳动密集型产品规模较大,比例高于日本。

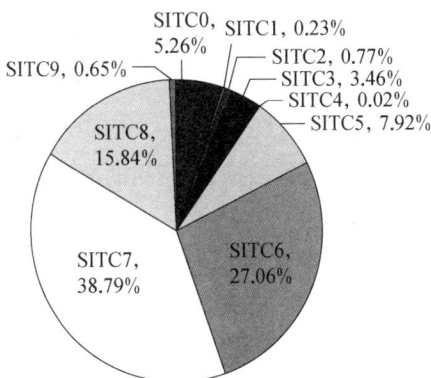

图 1 - 6   2016 年中国向东盟出口商品结构

数据来源：根据 UN Comtrade Database 数据计算而来。

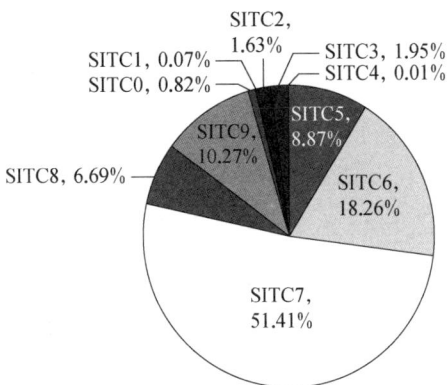

图 1 - 7   2016 年日本向东盟出口商品结构

数据来源：根据 UN Comtrade Database 数据计算而来。

中国对东盟出口的商品是资源密集型与劳动密集型产品并重，双方的贸易在自由贸易条件下逐步由基于要素禀赋差异产生的传统产业间贸易，向基于规模经济和分工差异的产业内贸易转型。中国经过多年的经济结构调整，产业结构有了一定程度的优化，而日本和东盟在经济上的往来关系本来就非常紧密，东盟需要依赖日本的资金与技术,日本也要依靠东盟的资源和市场,双方具有较强的互补性。作为日本重要的贸易伙伴,日本对东盟的出口一直以机电产品为主,虽然出口总体规模比中国小,但产品以汽车、光学、钟表、医疗设备为主,在高附加值产品的出口上占有显著优势。长期以来,日本对东盟国家投资热度不减,持续进行的政府间 ODA 资金援助同样表明了日本政府对开拓和巩固东盟市场的重视。

四、中日对东盟商品贸易特点

(一) 两国在东盟市场竞争愈加激烈

中国和日本一直都很重视与东盟间的经贸合作关系,大力发展商品贸易、服务贸易,中国尤其对与东盟之间的陆上互联互通项目格外重视。自中国-东盟自由贸易区成立后,中国与东盟之间的商品贸易发展又迈上新台阶,东盟也超过日本成为中国第三大贸易伙伴。2011 年中国和东盟双边贸易总值创纪录地达到 3 628.5 亿美元,比十年前增长了 5.6 倍,年均增长率超过 20%。除了自贸区的设立之外,中国还计划设立总规模为 100 亿美元的中国-东盟投资合作基金,用于支持中国与东盟间交通设施、公用设置、通讯网络等基础设施建设。"一带一路"倡议提出后,东盟作为"21 世纪海上丝绸之路"上的重要贸易伙伴,中国更是大力发展与其之间的经贸合作关系。

日本与湄公河五国——泰国、柬埔寨、老挝、缅甸和越南,则自 2009 年以后,每年举行首脑会议,研讨日本对东盟加大投资的问题。第四次东京首脑会议(2012 年 4 月)签署的《东京战略 2012》共同文件宣布,自 2013 年度起日本将向东盟提供为期三年、总计约 6 000 亿日元(约合人民币 462 亿元)的政府开发援助,推动湄公河五国的基础设施建设。中日同时深度介入东盟经济和产业,不难预料彼此间会产生相应的经贸竞争。

从贸易规模上看,中国对东盟贸易额增速较快,且近年来的贸易绝对量远大于日本。中国自 2009 年起开始超过日本,成为东盟第一大贸易伙伴,中国市场对东盟越来越重要。然而,中日对东盟贸易具有同向波动性,出现了"降皆降,升皆升"的现象,这表明中国和日本对东盟贸易具有很强的关联性,竞争已经开始呈现同质化趋势。

从贸易结构上看(如表 1-3 所示),中日对东盟进口商品构成差别较大,中国主要从东盟进口资本密集型产品。2016 年,中国从东盟进口的资本密集型产品为 1 223.03 亿美元,占中国从东盟进口总额的 62.3%。而日本进口资本密集型产品的比例则只有 39.07%。

表 1-3 　　　　2016 年中日对东盟进出口商品结构分布

类　　别	初级产品	劳动密集型产品	资本密集型产品
中国从东盟进口	24.94%	12.75%	62.3%
日本从东盟进口	32.56%	28.37%	39.07%
中国向东盟出口	9.74%	42.9%	47.36%
日本向东盟出口	4.5%	24.95%	70.55%

数据来源:根据 UN Comtrade Database 数据计算而来。

中日对东盟的贸易关系特点主要集中在出口上。表 1-3 的数据说明,中国和日本在向东盟出口初级产品、劳动密集型产品及资本密集型产品方面,结构相似度较高,都是资本密集型产品占比最高,其次为劳动密集型产品,初级产品占比最少。虽然中日向东盟出口产品的结构存有差异,但二者的趋同化趋势较为明显,说明中日两国在东盟地区的贸易竞争日益激烈。

(二) 两国对东盟市场的互补性相似

中国和日本对东盟进出口货物的整体互补性相似。比较中日对东盟进出口商品种类前五名可以看出,两国对东盟货物进出口商品的结构较为相似,但也存在一定差异。

表 1 - 4　　　2016 年中国从东盟进口货物种类前五名

SITC 编码	种　　类	进口额 (单位: 亿美元)	所占 百分比
77	电气机械,仪器和用具及零件	591.71	30.14
75	办公室机器和自动资料处理仪器	142.2	7.24
76	电信和录音及音响设备和仪器	114.69	5.84
33	石油,石油产品及副产品	110.06	5.61
93	未按品种分类的特种交易和商品	73.37	5.6

数据来源:根据 UN Comtrade Database 数据计算而来。

表 1 - 5　　　2016 年中国向东盟出口货物种类前五名

SITC 编码	种　　类	出口额 (单位: 亿美元)	所占 百分比
77	电气机械,仪器和用具及零件	272.15	10.63
65	纺织纱线,织物,制成品	238.14	9.3
76	电信和录音及音响设备和仪器	213.68	8.35
67	钢铁	164.63	6.43
74	一般工业机械设备和机器零件	134.16	5.24

数据来源:根据 UN Comtrade Database 数据计算而来。

从表1-4和表1-5可以看出,中国从东盟进口产品前五名均主要包括电气机械、仪器和用具零件等机电产品以及石油、石油产品及其副产品等资源性产品。这表明中国将东盟作为重要的原料进口国和机电产品进口来源国。而出口方面,中国出

表1-6　　　2016年日本从东盟进口货物种类前五名

SITC 编码	种　　类	进口额(单位:亿美元)	所占百分比
77	电气机械,仪器和用具及零件	120.34	13.02
34	天然气	97.57	10.56
84	服装及衣服配件	66.85	7.23
76	电信和录音及音响设备和仪器	45.94	4.97
28	金属矿砂及金属废料	41.15	4.45

数据来源:根据 UN Comtrade Database 数据计算而来。

表1-7　　　2016年日本向东盟出口货物种类前五名

SITC 编码	种　　类	出口额(单位:亿美元)	所占百分比
77	电气机械,仪器和用具及零件	146.46	15.32
78	道路车辆	113.16	11.84
67	钢铁	77.42	8.1
93	未按品种分类的特种交易和商品	71.95	7.53
74	一般工业机械和设备和机器零件	67.35	7.05

数据来源:根据 UN Comtrade Database 数据计算而来。

口前五位为电气机械、仪器和用具零件,纺织纱线、织物、制成品,电信、音响设备和仪器,钢铁和一般工业机械设备和机器零件。可以看出,中国对东盟的出口也以机电类产品为主。

表1-6和表1-7列举出了日本进出口东盟产品种类中的前五种,由此可以看出,日本从东盟进口的产品中,机电类产品和资源密集型产品占主要份额。机电类产品中电气机械,仪器和用具及零件进口额为120.34亿美元,占比为13.02%;资源类产品包括天然气和金属矿砂及金属废料等,占总比重的15.01%。而日本向东盟出口的产品前五名除了钢铁和特殊交易外,其他三种全部为机电产品,主要包括电器机械、车辆和工业专用器械和零件,产品附加值较高。

中国与东盟贸易的互补性要差于日本与东盟贸易的互补性。东盟从日本进口的产品中,高新技术产品居于主要地位,这与日本长期以来在东盟地区投资形成的巨大生产网络有着密切的联系。虽然从前面的数据我们可以看到,日本与东盟的贸易额近年来有所下降,但是从上面的东盟与日本出口商品结构的互补性分析,东盟对日本的贸易依赖性短期内是无法改变的,而且日本一直通过各种途径,比如直接投资、政府有条件的援助等,不断在经济上对东盟施加控制和影响,加深了东盟国家与日本之间的联系。

根据以上分析,我们可以确定,中国和日本在对东盟的商品贸易关系上主要以竞争为主,但同时,两国对东盟市场的进出口贸易的互补性均较强。下一节我们还需要继续对中日对东盟商品贸易的竞争性与互补性的两个侧面进行实证对比分析。

第二节　中日与东盟商品贸易关系实证分析

一、中日对东盟商品贸易竞争性分析

(一) 贸易竞争性的评价指标及含义

1. 出口相似度

出口相似度指数主要用来测算和比较两国出口商品结构。这里将从商品域和市场域两个维度,使用修正的 Glick - Rose 出口相似度指数,对中国和日本在东盟市场上的产品出口贸易结构进行测度。该指数可以用公式表述如下,公式中 X_{ik} 和 X_{hk} 分别表示 i 国和 h 国出口到 k 国所有商品总额, X_{ik}^l 和 X_{hk}^l 分别表示 i 国和 h 国出口第 l 种商品到 k 国的贸易额。

$$S(ih,k)$$
$$= \sum \left\{ \left[\frac{\left(\frac{X_{ik}^l}{X_{ik}}\right) + \left(\frac{X_{hk}^l}{X_{hk}}\right)}{2} \right] \left[1 - \left| \frac{\left(\frac{X_{ik}^l}{X_{ik}}\right) - \left(\frac{X_{hk}^l}{X_{hk}}\right)}{\left(\frac{X_{ik}^l}{X_{ik}}\right) + \left(\frac{X_{hk}^l}{X_{hk}}\right)} \right| \right] \right\} * 100$$

$$(1-1)$$

这里为了对中日对东盟产品出口贸易的相似程度进行对比,故将 X_{ik}^l / X_{ik} 表示中国出口到东盟的第 1 种商品占中国出口到东盟所有商品总额的份额, X_{hk}^l / X_{hk} 代表日本出口到东盟的第 1 种商品占日本出口到东盟所有商品总额的份额。

出口相似度指数的范围在 0 到 100 之间,如果中国出口到东盟与日本出口到东盟的商品结构完全相同,则修正后的出口相似度指数为 100;另一种极端情况,中日对东盟出口商品结构完全不同,则出口相似度指数为 0。所以,出口相似度指数值越大,中日对东盟出口商品结构越相似。如果出口相似度不断上升,则表明中国和日本对东盟出口商品结构有趋同化趋势,可以从侧面反映出两国对东盟贸易结构发展的特点与过程,同时也说明中国和日本在对东盟出口贸易的过程中存在较大的竞争性;反之,如果出口相似度指数下降,说明中日在东盟市场上的出口竞争减弱。

2. 区域显性比较优势指数

为了进一步分析中日某类产品在东盟市场的商品贸易中所占的整体比例和竞争强度,测算中日该类产品的专业化水平并进行对比分析,这里采用显性比较优势(RCA)指数进行实证分析计算,即利用一国某种产品出口额占本国总出口额的比例与相应的占世界贸易额比例,来测算一国在该产品上是否具有比较优势。它可以较为具象地衡量一国产品或产业在国际市场上的竞争力,可以定量地描述一个国家各个产业或产品组相对出口的表现。RCA 指数的高低可以直接用来判断一国的产品或产业是否更具有出口竞争力,从而得出一国在国际市场上的比较优势。公式表述如下:

$$RCA_{ij} = (X_{ij} / X_i) / (W_j / W) \qquad (1-2)$$

X_{ij} 表示 i 国 j 类商品的出口额,W_j 表示世界上 i 类商品的出口额,X_i 表示 i 国的出口总额,W 表示世界上所有商品的出口总额。RCA 数值越大,表明比较优势越显著。日本贸易振兴协会(JETRO)提出了一个 RCA 竞争力标准,如表 1 - 8,当 RCA 指数大于或等于 2.5 时,表示该国某产品显性比较优势极强;当 RCA 指数介于 1.25 与 2.5 之间时,竞争力次强;当 RCA 指数小于 1.25 但又大于 0.8 时,显性比较优势中等;小于 0.8 时表明竞争优势较弱。通常在实证分析时,以 1 为分界线,当 RCA 大于 1 时就认为该国某产品具有较强的显性比较优势,在世界市场上具有一定的竞争力;当 RCA 指数小于 1 时,认为显性比较优势不明显,国际竞争力较弱。

表 1 - 8　　　　　日本贸易振兴协会 RCA 竞争力标准

判定标准	竞争力程度
RCA≥2.5	极强
2.5>RCA≥1.25	次强
1.25>RCA≥0.8	中等
0.8>RCA	较弱

按照显性比较优势指数的计算方法,需要比较的是某一产品出口占一国总出口及世界总出口的比例,在做实证研究时将一国的某产品出口当作分子,世界上所有其他国家的产品出口当作分母。但是,不同国家间经济发展水平与要素禀赋情况差别很大,将世界所有产品出口作为测算分母没有将贸易不平衡的因素考虑到其中,会带来较大误差。尤其是在计算针对某第三方市场上的显性比较优势时,传统的 RCA 指数并不适用。因此,在研究显性比较优势时,为了解两国在第三方市场上的

出口产品竞争状况,可以将世界划分为不同区域,以区域的出口贸易总量作为分母,即区域显性比较优势(regional revealed comparative advantage),简称 RRCA。为了比较中日产品在东盟市场上的显性比较优势,将 W 定义为东盟地区,X_{ij} 表示 i 国 j 类商品的出口额,X_i 表示 i 国出口总额,W_j 表示东盟 j 类商品的出口额,W 表示东盟所有商品的出口总额。如果 RRCA>1,则表示 i 国的 j 类产品在东盟具有比较优势,并且区域显性比较优势指数越大,比较优势越明显。反之亦然。

RRCA 区域显性比较优势指数的特点是以结果为导向,以两国间商品贸易的最终结果来测算比较优势,但对贸易结构的影响因素或决定因素并没有直接分析。这种方式可以有效地避免之前 RCA 测算时各种严苛的理论假设,也同时兼顾了各个国家的经济规模和要素禀赋的相对重要性,而非绝对分析。区域显性比较优势指数的测算采用统一维度,无论是相同的产品在不同国家间的竞争力比较,还是同一国家内不同产品的竞争力测算,都可以采用统一指标表示,可以较为直观地横向比较产品的竞争力。同时对产品的潜在优势作出较为准确的推断,所以区域显性比较优势指数更适合于现实的国际贸易结构分析。

(二)出口相似度指数分析

1. 中日对东盟出口商品的市场相似度测算

以联合国贸易数据库 UN Comtrade Database 的数据为样本,提取中日对东盟 2001—2016 年间出口贸易的相关数据,代入前述出口相似度公式计算后,我们可以得出下图 1 - 8。

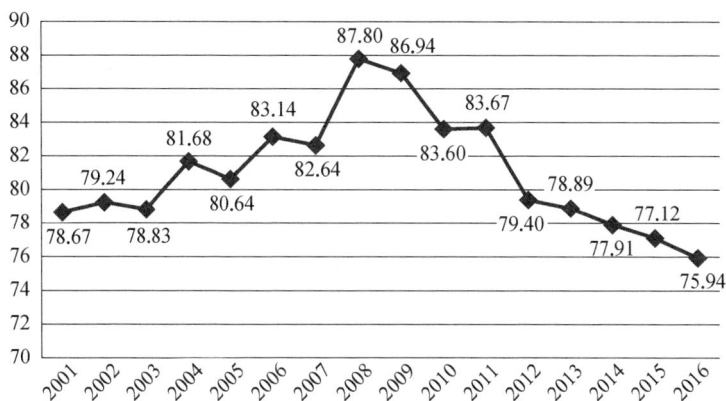

图 1-8　2001—2016 年中日对东盟出口商品的市场相似度

数据来源：根据 UN Comtrade Database 数据计算而来。

由图 1-8 可以看出，中日产品在东盟市场的整体相似度较高，从 2001 年到 2016 年一直保持在 75 以上。从动态来看，相似指数呈现先增后降的趋势，2001 年的相似度为 78.67，此后相似程度一直波动上升，至 2008 年时达到最高点的 87.8 之后又一直波动下降，到 2016 年时降至最低点，只有 75.94。

综合看来，东盟市场的中日出口商品结构呈现相似性。尽管相似性随年份呈现出波动变化的不稳定趋势，整体上的相似程度却比较高。这说明在东盟市场上，中日两国出口商品存在较强的竞争关系。

2. 中日对东盟出口产品的产品相似度测算

出口相似度可以从市场域和产品域两个维度来测算，为了更深入地分析中日对东盟产品出口贸易竞争性，我们对出口产品的分布按照 SITC1 位分类进行相似程度的测算，可得下表 1-9。

表 1 - 9　　　　　2001—2016 中日对东盟产品分类出口相似度

编码 年份	SITC0	SITC1	SITC2	SITC3	SITC4	SITC5	SITC6	SITC7	SITC8	SITC9
2001	0.34	0.08	0.91	0.21	0.03	7.39	13.68	48.85	7.11	0.07
2002	0.37	0.08	0.92	0.24	0.03	7.41	14.51	48.82	6.72	0.16
2003	0.40	0.05	0.87	0.25	0.02	7.54	14.71	48.12	6.70	0.16
2004	0.32	0.04	0.73	0.35	0.02	7.90	15.61	49.40	7.22	0.10
2005	0.38	0.03	0.69	0.51	0.01	7.03	17.24	48.12	6.42	0.19
2006	0.38	0.04	0.58	0.51	0.02	7.06	17.86	49.51	6.85	0.33
2007	0.45	0.03	0.60	2.07	0.01	7.35	18.32	47.52	6.16	0.13
2008	0.51	0.03	0.80	3.84	0.01	8.12	19.78	48.61	6.03	0.07
2009	0.54	0.05	0.78	4.92	0.01	7.39	17.59	49.32	6.26	0.08
2010	0.49	0.04	0.88	3.75	0.01	7.77	18.86	45.26	6.50	0.04
2011	0.55	0.05	1.01	4.36	0.01	8.27	19.32	43.15	6.76	0.18
2012	0.57	0.04	0.88	2.90	0.01	7.46	19.38	41.24	6.64	0.27
2013	0.71	0.04	0.77	3.57	0.01	7.17	20.65	39.37	6.49	0.11
2014	0.72	0.04	0.82	3.53	0.01	7.50	20.13	38.41	6.70	0.05
2015	0.80	0.05	0.71	2.79	0.01	7.31	18.90	39.89	6.49	0.16
2016	0.82	0.07	0.77	1.95	0.01	7.92	18.26	38.79	6.69	0.65

数据来源：根据 UN Comtrade Database 数据计算而来。

　　表 1 - 9 数据显示,2001 年到 2016 年间,就中日而言的东盟市场大部分种类的商品出口在分类产品中的相似度,总体上与市场相似度变化趋势一致,呈现出先升后降的特点。其中,机械及运输设备类变化最为明显,由 2001 年的 48.85 上升到

2009 年的 49.32(由于金融危机导致 2007 年和 2008 年的指数略有下降),之后总体呈下降态势,至 2016 年已降至 38.79,但数值依旧较大。矿石燃料类产品相似度变化也有先升后降的特征,但相对 2001 年总体上有了大幅提升,2001 年相似度指数为 0.21,2016 年该类产品的相似度指数增长了近 10 倍,为 1.95。食品与活动物类产品的相似指数不断攀升,从 2001 年的 0.34 增长到 2016 年 0.82,而同期其他类产品的出口相似度指数则没有出现太明显的变化,总体趋势较为平稳。近些年来,中日对东盟出口产品的相似指数略有变化,但总体上两国对东盟的产品出口结构却在趋向一致,这是由于机械、电子类产品一直占据着两国对东盟出口产品比例的绝对比重。

出口相似指数变化的结果显示出中国和日本对东盟机电产品出口结构先趋向收敛而后走向扩散的趋势,这说明中日在东盟市场上的竞争性先加强后减弱。对此能够给出的一个解释是:随着 2001 年中国-东盟自由贸易区建设目标的提出,中国开始将东盟作为重要的战略伙伴;而日本对东南亚的关注与投入始终没有间断过,附加值高的机电产品在日本与东盟进出口贸易中的主要地位稳固。

2002 年 11 月 4 日,《中国与东盟全面经济合作框架协议》签署,中国东盟自贸区建设正式启动,由此不断升级的经贸合作关系以及中国国内产品升级的迅速推进,使得机电产品贸易逐渐成为中国和东盟之间贸易发展的主角和新引擎。而随着中国对东盟机电产品出口规模的迅速扩大,中日之间在东盟市场的贸易同质性竞争亦呈逐渐加剧之势。近年来,日本的"头雁"效应已大大减弱,1997 年及 2008 年两次金融危机的打击重挫了日本经济势力的锐气。为此,发挥传统生产和营销渠道及创新方面优势,采取各种措施开拓拥有巨大出口潜力的东盟市场,也成为日本必然的贸易和对外投资政策选择。

作为经济体制成熟的发达国家,日本长期以来投入了大量资金积极发展高新技术产业,令其在对东盟出口的产品具备了资本密集、附加值高的优势,而其不再具有比较优势的产业则通过对外投资及技术转让,逐渐转移到发展中国家。尽管中国对东盟机电产品出口规模的持续增加同样令人瞩目,但竞争优势仍然体现在劳动密集型产品,在双方的竞争层次上处于较低的水平,出口相似度今后如何波动将取决于中国出口产品构成的改善程度。

(三)区域显性比较优势指数分析

根据显性比较优势指数公式修改及贸易统计署数据库 UN Comtrade Database(2001—2016)数据统计,我们还可以整理出表 1 - 10 和表 1 - 11。

表 1 - 10 和表 1 - 11 中的数据表明,中日在东盟均具有比较优势的产品为 SITC6 原料及制成品和 SITC7 机械及运输设备。总结起来,中日双方在东盟市场的比较优势方面具有以下几个特点:

(1)在中日对东盟市场的出口产品中,SITC1 -饮料及烟类、SITC2 -非食用原料、SITC3 -矿物燃料润滑油和 SITC4 -动植物油脂及蜡这几类产品的 RRCA 值均小于 0.8,说明中日对东盟出口的这几类产品均不具备明显的比较优势。

表 1－10　　　中国产品在东盟市场的区域显性比较优势指数

类别 年份	初　级　产　品					劳动密集产品		资本密集产品		
	SITC0	SITC1	SITC2	SITC3	SITC4	SITC6	SITC8	SITC5	SITC7	SITC9
2001	0.85	0.65	0.57	0.30	0.03	1.96	2.64	0.93	0.71	0.09
2002	0.81	0.63	0.46	0.26	0.01	1.99	2.57	0.79	0.78	0.08
2003	0.76	0.55	0.37	0.24	0.01	1.98	2.46	0.63	0.87	0.10
2004	0.65	0.49	0.31	0.21	0.01	2.08	2.35	0.60	0.93	0.10
2005	0.63	0.38	0.29	0.18	0.02	2.07	2.39	0.62	0.97	0.10
2006	0.59	0.32	0.20	0.13	0.02	2.12	2.40	0.62	1.02	0.09
2007	0.52	0.27	0.19	0.13	0.01	2.36	2.84	0.49	0.93	0.04
2008	0.41	0.24	0.21	0.13	0.01	2.42	2.16	0.68	1.08	0.02
2009	0.43	0.25	0.20	0.12	0.01	1.97	2.14	0.61	1.12	0.03
2010	0.45	0.23	0.17	0.11	0.01	1.79	2.18	0.68	1.28	0.02
2011	0.44	0.23	0.16	0.09	0.01	1.91	2.25	0.67	1.40	0.03
2012	0.42	0.21	0.18	0.08	0.01	1.94	2.43	0.61	1.35	0.02
2013	0.43	0.18	0.17	0.09	0.01	1.89	2.30	0.61	1.29	0.02
2014	0.39	0.18	0.22	0.09	0.01	1.96	2.15	0.62	1.26	0.03
2015	0.37	0.19	0.19	0.10	0.01	1.90	1.88	0.64	1.17	0.04
2016	0.47	0.19	0.18	0.11	0.01	1.94	2.20	0.57	1.14	0.09

数据来源：根据 UN Comtrade Database 数据计算而来。

（2）SITC0－食品与活动物这类产品，中国的比较优势明显
高于日本的比较优势。日本的 RRCA 值非常小，除了 2001 年、
2015 年和 2016 年，其他年份该值一直在 0.1 以下，而中国此类
产品在东盟市场的比较优势高于日本，2001 年的 RRCA 值为
0.85，自此之后比较优势值呈持续减少的趋势，到 2016 年时为
0.47，比较优势较小。

表 1-11　　　　日本产品在东盟市场的区域显性比较优势指数

类别\年份	初 级 产 品					劳动密集产品		资本密集产品		
	SITC0	SITC1	SITC2	SITC3	SITC4	SITC6	SITC8	SITC5	SITC7	SITC9
2001	0.12	0.18	0.31	0.04	0.01	1.22	0.71	1.40	1.33	1.71
2002	0.08	0.19	0.29	0.04	0.01	1.28	0.69	1.34	1.34	1.64
2003	0.08	0.18	0.29	0.03	0.01	1.30	0.73	1.16	1.35	1.97
2004	0.08	0.17	0.33	0.04	0.01	1.30	0.80	1.15	1.35	2.32
2005	0.09	0.17	0.33	0.06	0.01	1.36	0.83	1.17	1.34	2.15
2006	0.09	0.17	0.30	0.06	0.01	1.35	0.80	1.20	1.38	1.99
2007	0.09	0.15	0.31	0.10	0.00	1.53	0.85	0.91	1.24	1.12
2008	0.09	0.16	0.35	0.14	0.00	1.65	0.65	1.09	1.42	1.00
2009	0.09	0.17	0.46	0.13	0.01	1.65	0.66	1.25	1.32	1.46
2010	0.09	0.17	0.32	0.11	0.01	1.47	0.69	1.24	1.55	1.55
2011	0.08	0.16	0.30	0.11	0.00	1.51	0.75	1.14	1.72	1.61
2012	0.08	0.15	0.42	0.09	0.01	1.58	0.74	1.08	1.71	1.35
2013	0.09	0.13	0.45	0.13	0.01	1.53	0.69	1.19	1.59	1.63
2014	0.09	0.13	0.54	0.14	0.01	1.49	0.66	1.14	1.59	1.76
2015	0.10	0.14	0.47	0.15	0.01	1.36	0.58	1.13	1.48	2.59
2016	0.12	0.14	0.38	0.13	0.01	1.31	0.70	0.97	1.45	2.25

数据来源：根据 UN Comtrade Database 数据计算而来。

（3）劳动密集性产品中，中国的原料制成品（SITC 6）在东盟市场上比较优势较强，数值保持在 2 左右；而日本此类产品在东盟市场比较优势处于中等水平，保持在 1.2 至 1.6 之间。这说明中国工业制成品比较优势在提升，从而减少了与日本在对东盟贸易方面的比较优势差距。在杂项制品(SITC 8)的比较优势上,中国 RRCA 指数明显高于日本,除 2015 年外均高于 2,而日本该类产品各年份的 RRCA 指数均小于 1,由此可见中国在对东盟的劳动密集型产品出口上占有较大的优势。

(4)在资本密集型产品方面,可以看出中国和日本存在较大的竞争。对于 SITC 7 -机械及运输设备,日本的 RRCA 值除 2007 年外一直保持在 1.3 以上,并且稳步上升,但上升幅度不大。中国的机电产品区域显性比较优势在 2001 年远落后于日本,仅有 0.71,比较优势不强。但其后的上升幅度较快,到了 2011 年时已达到 1.4,虽然近年来有所下降,但与日本差距已明显减少。中国产业结构的不断优化使得中国机电产品在东盟市场上的竞争优势不断提高。

东盟不仅与中国和日、韩两国签署了自贸区协议,新加坡等东盟成员国还单独与美国签有自贸协定。但考虑到东盟、中、日三方参加区域性国际经济组织的重叠范围并不一致,我们必须关注未来对三方贸易关系或有重大影响的 RCEP 和 CPTPP。根据东盟十国与中国、日本、韩国、印度、澳大利亚、新西兰等国领导人共同发布的《启动"区域全面经济伙伴关系协定"(RCEP)谈判的联合声明》,这一覆盖 16 个国家的自贸区建设进程 2012 年正式启动①,后历经 6 年 22 轮艰苦谈判,虽几经延期仍未达成最后协议。而越南作为曾经唯一被美国主动邀请加入 TPP 的亚洲国家,在美国特朗普政府宣布退出之后仍与日本

---

① "区域经济一体化新格局:16 国自贸区谈判启动",《21 世纪经济报道》2012 年
11 月 22 日。

积极推动"11 国跨太平洋伙伴全面进步协定(CPTPP)"签订,并于 2018 年底生效。同为东盟成员国的新加坡、马来西亚、文莱三国也加入了这一协定。如果一度表露重返意愿的美国真的再现回归,我们可以断言,东盟将成为亚洲贸易流的主要汇聚节点,其在亚洲和国际贸易中的地位也会变得日益重要。近年来中日两国都在积极推动与东盟国家开展全方位经贸合作,双方围绕东盟市场的国际贸易竞争也无疑将更加激烈。

二、中日对东盟商品贸易互补性分析

(一)贸易互补性的评价指标及含义

贸易互补性指的是两国在生产要素或贸易产品上存在相互需求的情况。这需要双方有各自的比较优势,并且确实存在生产要素或贸易产品上的相互需求,同时双方还要有切实的合作意愿和基础。贸易互补需要贸易双方的互补配合完成,仅仅一方具有比较优势,但另一方缺失可以互补的基础,则双方不能构成互补。当然还有如下情形,如果两方均有优势,但双方优势结构完全相同,不需要互补;或者优势结构相差太大,没有互补的结合点,无法进行有效的交流,也不能构成互补的基础;如果双方前两点都满足,即双方均有各自的比较优势,同时也有一定的要素需求,但是双方无法建立政治互信,或者某国单方面闭关锁国,不与他国进行互动交流,照样不能构成互补关系。

贸易互补性的理论基础来自于 H-O 理论(要素禀赋理论),即一国某种要素丰富,则利用该要素生产的产品在世界市场具有比较优势,该国将会集中出口用该要素生产的产品,反之亦然。一国主要出口其具有比较优势的产品,而另一方该种产品国内要素稀缺,则会大量从国外进口。如果这两国间在此类要素生产的产品上进出口结构较为吻合,则两国贸易具有互补性,说明双方存在较大的合作空间。对于存在贸易互补性的行业或产品,贸易双方若能采取诸如降低关税或扩大生产等有效措施实现规模经济,就完全可以充分发挥各自的比较优势,从而促进双方的贸易往来与经济增长。反之,如果两国的产品进出口结构吻合程度较低,则表明两国贸易互补性较小,市场合作空间有限,不利于双方长期的经贸交流。当然,对于不存在政治军事激烈对立的贸易双方而言,即便是显示在某一行业或产业的两国互补性不明显,其间的产业内贸易仍会自然发生。与中国陆地相连的越南即是如此,事实上,中国与越南的农产品产业内贸易水平在 CPTPP 所有成员国中最高,多个年份的两国农产品贸易都以产业内贸易模式为主[1]。

我们在这里选取贸易互补性指数分别对中国和东盟、日本和东盟的进出口贸易进行分析,对其进行对比研究,并通过计算产业内贸易指数进一步观察中日对东盟商品贸易互补性如何。

1. 贸易互补性指数

测算两国之间贸易互补性的常用指标为贸易互补性指数,即 Trade Complementarity Index,简称 TCI,此指数可以较为直观地表示一国的出口商品结构与另一国商品进口结构的吻合程度,指数以某类产品为衡量对象,其中单类产品贸易互补性指数公式如下:

---

① 谢雨欣、孙军、魏景赋,"中国与 TPP 国家农产品产业内贸易走向研究—基于2001—2015 年面板数据的预研分析",《哈尔滨商业大学学报(社会科学版)》2017 年 01 期。

$$TCI_{ij} = RXS_i^k \times RMS_j^k \qquad (1-3)$$

式中：

$$RXS_i^k = \frac{(X_i^k / X_i)}{(W_x^k / W_x)} \qquad (1-4)$$

$$RMS_j^k = \frac{(M_j^k / M_j)}{(W_m^k / W_m)} \qquad (1-5)$$

式中：X_i^k 为 i 国 k 产品的出口额，X_i 为 i 国的出口总额；W_x^k 为世界 k 产品的出口额，W_x 为世界出口总额；M_j^k 为 j 国 k 产品额进口额，M_j 为 j 国进口总额；W_m^k 为世界 k 产品的进口额，W_m 为世界进口总额；RXS_i^k 表示 i 国出口的产品比较优势，RMS_j^k 表示 j 国进口的产品比较劣势，如果 RXS_i^k 越大表示 i 国在 k 产品的比较优势越明显，RMS_j^k 越大表示 j 国在 k 产品上的比较劣势越明显。若 i 国在 k 产品的比较优势明显，而 j 国在 k 产品的比较劣势明显，则两国在 k 产品的贸易呈互补关系。[①]

在这里，分别计算中国出口结构对东盟进口的贸易互补性指数及日本出口结构对东盟进口的贸易互补性指数并进行对比分析。所以在该公式中，分别将 i 国定义为中国和日本，而 j 国为东盟，RXS_i^k 表示中国或日本的出口产品比较优势，RMS_j^k 表示东盟进口的产品比较劣势。中国或日本的出口产品比较优势和东盟进口的产品比较劣势越大，则贸易互补性指数越高，表明中国或日本与东盟在某单类产品上的贸易互

---

① 徐春祥.基于双视角的中韩水产品贸易互补性研究[J].商业研究,2010(1)：23-29.

补性较高。

取 1 为贸易互补性指数的平均参考值,当贸易互补性指数大于 1 时,说明中国或日本与东盟的贸易互补性强,并且 TCI 值越大,两国间的互补性越强;反之,贸易互补性指数越小,说明两国的出口商品结构与进口商品结构吻合程度越低,互补性越不明显。

2. 产业内贸易指数

贸易互补性指数间接反映了产业间贸易在两国贸易中所占的比重:如果两国以产业间贸易为主,该贸易互补性指数就大;如果两国以产业内贸易为主,该贸易互补性指数就小。因为两国产品贸易若以产业间贸易为主,主要体现的是在资源禀赋差异基础上的互通有无,资源禀赋差异所产生的比较优势成为两国贸易发展的主要原因,这也是贸易互补的前提之一。为直观地反映中日对东盟产品贸易的互补性,这里将运用产业内贸易指数,从产业内贸易层面直接考察贸易互补情况。目前研究产业内贸易水平中最常采用的是格鲁贝尔与劳埃德(Grubel and Lloyd,1975)建立的产业内贸易指数,该指标可以较为简单直接地反映出产业贸易的内涵,适合分析某具体产业的产业内贸易水平。因此这里采用该指标来分别衡量中日对东盟的产业内贸易水平。其计算公式如下:

$$GLI = 1 - \frac{\mid X_{ck} - M_{ck} \mid}{X_{ck} + M_{ck}} \qquad (1-6)$$

其中,GLI 为中国/日本对东盟贸易产品的产业内贸易指数,X_{ck} 为中国/日本对东盟某类产品的出口额,M_{ck} 为中国/日本对东盟某类产品的进口额，GLI 取值在 0 到 1 之间。GLI 越接近 0，说明中国/日本在该类产品的产业内贸易程度越低，即中国/日本和东盟该类产品的贸易互补性越高；GLI 越接近 1，则说明中国/日本和东盟在该类产品的产业内贸易程度越高，即两国在该类产品的贸易互补性越低。

(二) 贸易互补性指数分析

这里将从进出口结构的视角分别考察中日出口结构对东盟产品进口结构的贸易互补性，以及东盟产品出口结构对中日产品进口结构的贸易互补性。通过计算贸易互补性指数来对比分析中国和日本对东盟贸易结构的互补性。

(1) 观察下页表 1-12 即知，中国对东盟的出口贸易中，SITC6-工业品、SITC7-机械及运输设备、SITC8-杂项制品的贸易互补性指数均大于 1，贸易互补性非常明显。互补性较强的产品集中于劳动密集型产品与资本密集型产品。

(2) 而由后面表 1-13 还能发现，日本出口对东盟进口的 SITC7-机械及运输设备同样存在很强的贸易互补性，而且这一数值高于中国，这说明日本和东盟在这一产业具有很强的合作潜力。

(3) 对比中国和日本对东盟出口贸易的贸易互补性能看出，在初级产品类，包括 SITC0-食品与活动物、SITC1-饮料及烟类、SITC 2-非食用原料、SITC 3-矿物燃料及润滑油、SITC4-动植物油脂及蜡，中国与东盟的贸易互补性指数均大于日本。劳动密集型产品也表现出类似趋势，SITC6-工业品和 SITC8-杂项制品的贸易互补性中国也均大于日本。

表 1 - 12　　2001—2016 年中国出口对东盟进口的贸易互补性指数

编码 年份	SITC0	SITC1	SITC2	SITC3	SITC4	SITC5	SITC6	SITC7	SITC8	SITC9
2001	0.62	0.25	0.47	0.37	0.09	0.45	1.06	1.10	1.39	0.02
2002	0.57	0.20	0.39	0.34	0.05	0.37	1.03	1.21	1.31	0.02
2003	0.50	0.15	0.31	0.31	0.04	0.33	0.99	1.37	1.30	0.02
2004	0.43	0.14	0.25	0.29	0.05	0.34	1.07	1.43	1.26	0.02
2005	0.40	0.11	0.22	0.22	0.06	0.35	1.12	1.47	1.24	0.03
2006	0.40	0.09	0.16	0.17	0.07	0.35	1.16	1.53	1.26	0.03
2007	0.39	0.09	0.14	0.17	0.04	0.37	1.18	1.55	1.20	0.02
2008	0.35	0.09	0.16	0.17	0.06	0.44	1.34	1.58	1.28	0.02
2009	0.34	0.09	0.15	0.16	0.04	0.34	1.25	1.73	1.16	0.01
2010	0.38	0.09	0.12	0.16	0.04	0.40	1.25	1.65	1.21	0.01
2011	0.39	0.11	0.12	0.14	0.05	0.48	1.40	1.67	1.28	0.02
2012	0.36	0.12	0.11	0.12	0.04	0.44	1.45	1.66	1.34	0.01
2013	0.35	0.11	0.11	0.12	0.03	0.43	1.52	1.63	1.35	0.01
2014	0.35	0.12	0.12	0.13	0.04	0.46	1.57	1.48	1.28	0.01
2015	0.36	0.13	0.13	0.16	0.05	0.45	1.64	1.43	1.20	0.01
2016	0.41	0.17	0.12	0.23	0.04	0.45	1.50	1.40	1.32	0.02

数据来源：根据 UN Comtrade Database 数据计算而来。

（4）在资源和技术密集型产品上，日本与东盟的贸易互补性明显大于中国，尤其是机械与运输设备，日本与东盟之间的贸易互补性指数基本保持在 2 以上。虽然日本出口对东盟进口的机械及运输设备存在很强的贸易互补性，但是从时间序列上来看，中国与日本之间的差距不断在缩小。

表 1-13　　2001—2016 日本出口对东盟进口的贸易互补性指数

编码\年份	SITC0	SITC1	SITC2	SITC3	SITC4	SITC5	SITC6	SITC7	SITC8	SITC9
2001	0.08	0.07	0.25	0.05	0.04	0.67	0.63	2.15	0.49	0.07
2002	0.05	0.06	0.24	0.05	0.03	0.61	0.64	2.21	0.42	0.06
2003	0.05	0.05	0.25	0.05	0.02	0.61	0.64	2.25	0.45	0.05
2004	0.05	0.05	0.26	0.05	0.03	0.64	0.66	2.18	0.47	0.05
2005	0.06	0.05	0.26	0.08	0.02	0.64	0.73	2.16	0.47	0.05
2006	0.06	0.05	0.24	0.08	0.02	0.68	0.72	2.18	0.45	0.05
2007	0.07	0.05	0.24	0.13	0.02	0.67	0.75	2.13	0.41	0.05
2008	0.06	0.06	0.27	0.18	0.02	0.69	0.91	2.13	0.45	0.06
2009	0.07	0.07	0.34	0.18	0.03	0.68	1.03	2.10	0.41	0.07
2010	0.08	0.07	0.22	0.16	0.03	0.72	1.01	2.03	0.43	0.07
2011	0.07	0.08	0.23	0.16	0.03	0.82	1.11	2.05	0.43	0.08
2012	0.07	0.08	0.27	0.13	0.03	0.79	1.17	2.10	0.41	0.08
2013	0.07	0.08	0.28	0.13	0.02	0.85	1.22	2.01	0.40	0.08
2014	0.08	0.08	0.29	0.21	0.04	0.85	1.19	1.87	0.39	0.08
2015	0.10	0.10	0.32	0.24	0.03	0.80	1.17	1.80	0.37	0.10
2016	0.10	0.12	0.27	0.26	0.03	0.77	1.01	1.78	0.42	0.12

数据来源：根据 UN Comtrade Database 数据计算而来。

图 1-8 所显示的则是中国和东盟之间贸易互补性指数不断上升的走势,日本出口对东盟进口的贸易互补性指数不断下降,两国差距则逐渐缩小。至 2016 年,中国在机械及运输设备类产品上对东盟的贸易互补性指数为 1.4,而日本为 1.78,两者相差已不明显。

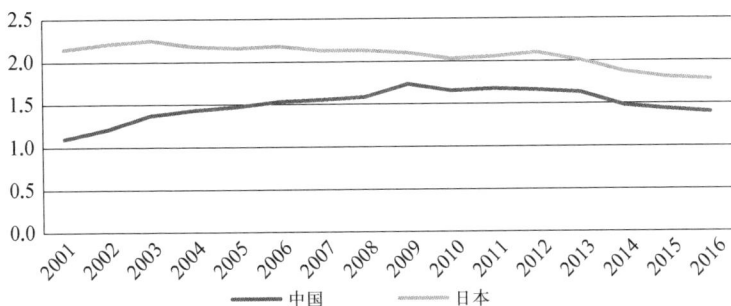

图 1-8　2001—2010 中国和日本与东盟机械及运输设备贸易互补性指数

数据来源：根据 UN Comtrade Database 数据计算而来。

　　这种贸易互补性指数的变化表明中国和日本对东盟机电产品出口结构趋向收敛。对此可以给出的一个解释是：随着2001 年中国-东盟自由贸易区协定的提出，中国开始将东盟作为重要的战略伙伴，而日本对东南亚的关注与投入始终没有间断过，附加值高的机电产品在日本东盟进出口贸易中占据着主要地位。中国东盟自贸区建设启动后，中国不断加强与东盟的经贸合作，机电产品需求已成为拉动东盟经济增长的强力支撑点①。随着中国对东盟机电产品出口的迅速增加，中日整体竞争程度逐渐加剧。但因日本占据了大部分高端机电产品的出口市场，中国对东盟机电产品出口贸易规模虽然近年来增长迅速，可与日本的差距仍然较大，中国机电产品比较优势大多集中在资源及劳动密集型产品，整体竞争层次较低。随着产业结构不断升级，中国在加大资源密集型和劳动密集型产品出口的同时，重视高新技术产品的开发与贸易，与日本差距也

---

① 廉勇，"中日韩对东盟贸易比较优势与策略选择"，《云南财经大学学报》2011 年第 2 期，第 23-28 页。

将逐渐缩小。

(三) 产业内贸易指数分析

根据产业内贸易指数公式,对中国-东盟及日本-东盟的产业内贸易指数进行计算,得出表 1 - 14。

表 1 - 14　　2001—2016 中国-东盟分类产品产业内贸易指数

编码 年份	SITC0	SITC1	SITC2	SITC3	SITC4	SITC5	SITC6	SITC7	SITC8	SITC9
2001	0.91	0.08	0.18	0.61	0.02	0.63	0.81	0.93	0.42	0.37
2002	0.62	0.05	0.23	0.60	0.01	0.58	0.80	0.86	0.45	0.98
2003	0.61	0.03	0.21	0.63	0.02	0.59	0.83	0.74	0.54	0.87
2004	0.89	0.05	0.15	0.53	0.02	0.65	0.62	0.76	0.61	0.62
2005	0.83	0.03	0.15	0.74	0.04	0.66	0.51	0.75	0.59	0.94
2006	0.86	0.17	0.11	0.68	0.02	0.69	0.45	0.80	0.54	0.72
2007	0.83	0.22	0.10	0.72	0.02	0.80	0.40	0.83	0.46	0.88
2008	0.80	0.25	0.15	0.52	0.03	0.95	0.36	0.93	0.43	0.59
2009	0.85	0.34	0.17	0.64	0.01	0.86	0.48	0.97	0.40	0.81
2010	0.81	0.29	0.14	0.57	0.02	0.83	0.47	0.89	0.42	0.64
2011	0.80	0.23	0.12	0.45	0.02	0.84	0.45	0.91	0.43	0.52
2012	0.94	0.22	0.14	0.43	0.02	0.89	0.38	0.96	0.38	0.29
2013	0.86	0.28	0.13	0.57	0.02	0.88	0.35	0.96	0.33	0.61
2014	0.88	0.38	0.18	0.63	0.03	0.92	0.51	0.92	0.36	0.67
2015	0.87	0.41	0.21	0.57	0.02	0.96	0.30	0.90	0.39	0.10
2016	0.80	0.44	0.21	0.63	0.03	0.92	0.28	0.96	0.50	0.22

数据来源:根据 UN Comtrade Database 数据计算而来。

观察表 1 - 14 可以得出以下三个结论:

(1) 中国和东盟之间在初级产品上的产业内贸易程度各有不同,SITC4 - 动植物油脂及蜡的产业内贸易指数最低,自 2001 年至 2016 年一直维持在 0.05 以下,说明中国和东盟在此类产品上的贸易互补程度最高。中国是资源需求大国,而东盟国家自然资源丰富,中国从东盟国家大量进口此类产品,而东盟国家大多能自给自足,从中国进口较少,故在此类产品上贸易互补性最强。而在 SITC0 - 食品及活动物上产业内贸易指数较高,中国和东盟在食品类产品的进出口都不以对方为主要合作伙伴,故贸易互补程度较低。在 SITC1 - 饮料烟类产品上产业内贸易程度表现出上升趋势,表明此类产品双方的贸易互补性降低。SITC2 - 非食用原料产品和 SITC - 3 矿物燃料、润滑油及有关原料的产业内贸易指数变化不大,说明双方在这两类产品上的贸易互补性一直较稳定。

(2) 劳动密集型产品中,对于 SITC8 杂项制品,中国和东盟之间的贸易互补性总体趋于平稳,而 SITC6 - 工业品的产业内贸易指数则呈下降状态,表明双方在该类产品上的贸易互补性上升。

(3) 中国和东盟在资本密集型产品上的产业内贸易指数整体较高。SITC5 - 化学制品及有关产品的产业内贸易指数整体呈上升趋势,贸易互补性不断降低。与东盟成员化工产业相比,中国化工产业整体上不具备比较优势,出口规模小而分散,进口又相对集中。双边贸易中的中间品贸易比例不断扩大,制成品贸易有不断缩小的趋势,故造成贸易互补性不断降低。

表 1‑15　　　2001—2016 日本‑东盟分类产品产业内贸易指数

编码 年份	SITC0	SITC1	SITC2	SITC3	SITC4	SITC5	SITC6	SITC7	SITC8	SITC9
2001	0.07	0.76	0.27	0.02	0.13	0.62	0.75	0.73	0.87	0.64
2002	0.08	0.72	0.27	0.02	0.10	0.61	0.70	0.68	0.86	0.66
2003	0.09	1.00	0.24	0.02	0.09	0.62	0.71	0.69	0.86	0.59
2004	0.09	0.92	0.25	0.03	0.05	0.60	0.71	0.70	0.95	0.61
2005	0.10	0.88	0.22	0.04	0.04	0.65	0.65	0.68	0.89	0.65
2006	0.10	0.91	0.17	0.03	0.06	0.65	0.71	0.70	0.90	0.67
2007	0.13	0.84	0.15	0.14	0.02	0.66	0.65	0.67	0.88	0.71
2008	0.14	0.77	0.22	0.21	0.03	0.72	0.57	0.64	0.89	0.71
2009	0.12	0.88	0.24	0.30	0.03	0.71	0.63	0.64	0.79	0.65
2010	0.13	0.67	0.22	0.26	0.03	0.74	0.55	0.60	0.89	0.73
2011	0.13	0.31	0.23	0.23	0.02	0.81	0.60	0.60	0.84	0.67
2012	0.14	0.22	0.32	0.15	0.03	0.89	0.56	0.56	0.79	0.65
2013	0.17	0.27	0.35	0.18	0.03	0.86	0.59	0.64	0.68	0.58
2014	0.16	0.40	0.36	0.19	0.03	0.86	0.64	0.69	0.62	0.57
2015	0.17	0.47	0.36	0.22	0.03	0.86	0.66	0.71	0.56	0.48
2016	0.18	0.69	0.38	0.23	0.04	0.89	0.68	0.71	0.54	0.38

数据来源：根据 UN Comtrade Database 数据计算而来。

再考察日本和东盟的贸易关系,在初级产品上除了 SITC1‑饮料和烟类,其他类产品的产业内贸易指数都较低,说明其贸易互补性相对较高。作为资源小国的日本是东盟初级产品的重要进口国,可以说其"二战"后的经济战略重点之一就是充分利用东南亚的原料和初级产品助力自身工业发展,故在此类产品上,其贸易互补性一直较高。参见前页表1-15。

而在劳动密集型产品上,日本和东盟之间的产业内贸易程度总体上呈下降趋势(在SITC8-杂项制品上体现尤为明显),贸易互补性程度有所提升。这与东盟的贸易结构调整有关,东盟从主要出口初级产品逐渐转型到出口工业制成品,对日工业制成品出口数量有所提升。

日本和东盟在资源密集型产品类上的产业内贸易水平较高,但都普遍低于中国的同期水平。SITC9-未分类制成品上,日本和东盟之间的产业内贸易指数呈下降趋势;而在SITC5-化学制品和SITC7-机械运输类产品上,双方的产业内贸易程度一直保持平稳。

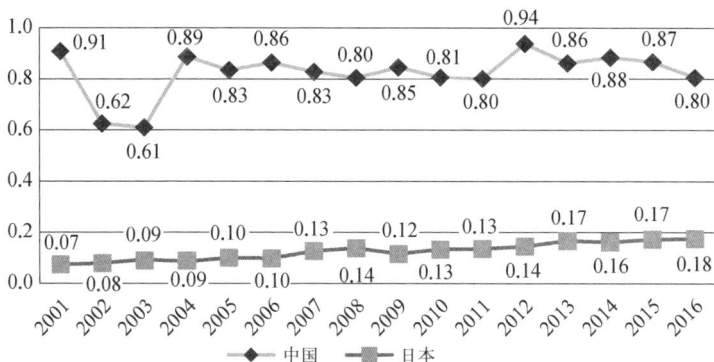

图1-9 2001—2016年中日-东盟食品与活动物类产品产业内贸易指数对比

数据来源:根据 UN Comtrade Database 数据计算而来。

我们继续分析中国和东盟及日本和东盟的产业内贸易指数,还可以总结出以下三个特点:

(1)中日在与东盟的商品贸易中,初级产品的贸易互补性差异较大,尤其是SITC0-食品类与SITC3-矿物燃料类。由前页图 1-9 可以看出,中日与东盟在 SITC0-食品与活动物类产品产业内贸易指数相差较大。中国与东盟的产业内贸易指数远大于日本与东盟的这个数值,说明在此类商品上中国与东盟间的贸易互补性远小于日本与东盟的贸易互补性。中国和东盟在食品类产品的进出口都不以对方为主要合作伙伴,而日本是东盟食品类产品的主要进口国,东盟每年向日本出口大量农产品及水果,双方贸易互补性较强。

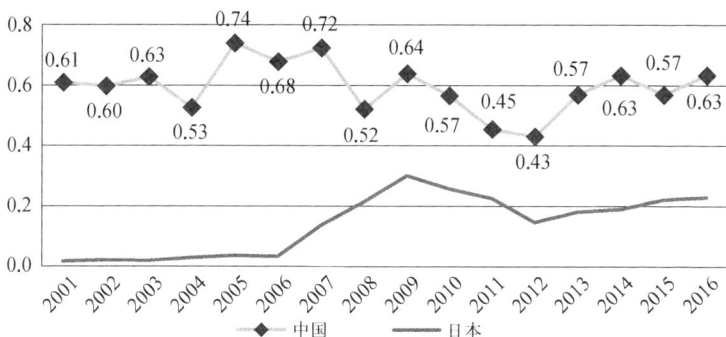

图 1-10　2001—2016 中日-东盟矿物燃料类产品产业内贸易指数对比

数据来源:根据 UNcomtrade Database 数据计算而来。

图 1-10 表明,中日与东盟矿物燃料的贸易互补性有逐年接近的趋势,这说明东盟也开始成为日本资源性产品的主要来源地,日本的相对份额变化引起了这种趋势波动。

(2)日本与东盟的劳动密集型产品的产业内贸易指数均大于中国,这说明这类产品的贸易互补性中国要高于日本。中国与东盟都是发展中国家,发展水平与地理条件较为相似,中国不断进行产业结构调整,对劳动密集型产品的需求逐渐上升,相比于日本而言,东盟的出口更容易满足中国的相关需求。

（3）日本与东盟的资本密集型产品（SITC 5 - 化学制品及SITC 7 - 机械及运输设备）的产业内贸易指数均小于中国，这说明此类产品的贸易互补性日本又高于中国。日本工业水平较高，对东盟大量出口车辆、机械设备等资本密集型产品，故日本与东盟间的贸易互补性较高。

第三节　中日对东盟商品贸易
影响因素分析

由以上分析得出中日对东盟商品贸易竞争性与互补性并存，出现这种情况是由多方面原因造成的，本节将主要从要素禀赋、产业结构、政府政策三个方面来进行分析。

一、要素禀赋

东盟地区在农业资源、林业资源和矿产资源上存量丰富。该地区盛产稻谷，是世界大米主产区，同时盛产甘蔗、咖啡、香蕉、椰子、热带花卉、木薯及香料等经济作物。东盟地区是世界上生产天然橡胶最为著名的地方之一，其橡胶产量约占世界总产量的五分之四。该地区的森林资源极为丰富，很多名贵木材如檀木、铁木、乌木、楠木等大量出口发达国家。东盟地区的矿产资源也极为丰富，目前探明占世界前列的包括锡、铬、镍、煤、钨、铝、铜、铁、宝石等，尤其是锡矿的探明储量占世界总储量的60％以上。东盟国家大多临海，除老挝外，其他国家都有海岸线，海洋资源也很丰富，每年出口大量水产品。

东盟地区国家众多,各个国家自然条件存在相似之处又各有不同,具体到每个国家都有自己的特色。

越南海洋资源尤其丰富,有 6 854 种海洋生物,其中鱼类2 000 余种、蟹类 300 余种、贝类 300 余种,虾类 70 余种。森林面积约 1 000 万平方千米。越南的矿产资源中,煤、铁、铝的储量较大。

老挝是中南半岛上唯一一个内陆国家,老挝水力资源丰富,全国森林覆盖率约 42%,盛产柚木、紫檀等名贵木材。

柬埔寨地质板块奇特,平原多为河流冲击平原,蕴藏着多种矿产,主要为有色金属,如铝、锡、砷、铋、铬等,矿石主要有龟肝石、强石英石、沙金刚石、红蓝宝石、高岭土等;除此之外,其林业资源也很丰富,盛产珍贵的热带林木和竹类,还出产多种药材。

缅甸盛产稻米,稻米也是缅甸主要的出口商品,缅甸气候温暖湿润,适用生长的稻米种类达 52 种,在东南亚,缅甸的自然资源是公认的最多、最丰富的。缅甸盛产优质硬木,有丰富的竹子和藤类资源,林业资源丰富。

泰国油气资源丰富,目前探明天然气总储量为 3 657 亿立方米,煤炭总储量 15 亿多吨,主要是褐煤和烟煤,约 80% 分布在北部的清迈、南奔、达、帕和程逸府一带。

马来西亚橡胶、棕油和胡椒的产量和出口量居世界前列;矿业以石油和天然气开采为主,农业以油棕、热带水果等经济作物为主;渔业以近海捕捞为主。

印度尼西亚自然资源丰富,有热带宝岛的美称,印度尼西亚的油气资源在东南亚国家中蕴藏量最为丰富,它是东南亚最大的石油生产国和世界最大的天然气出口国。

菲律宾水产资源丰富，金枪鱼资源居世界前列。其出口以经济作物为主，椰子、甘蔗、马尼拉麻和烟草是菲律宾的四大经济作物。

文莱虽小，但矿藏资源主要有金、硫酸盐、宝石和石油；海洋资源丰富，洞里萨湖为东南亚最大的天然淡水渔场，素有"鱼湖"之称；西南沿海也是重要渔场，多产沙丁鱼、金枪鱼、巴士鱼。

东盟国家中即便是自然资源较为匮乏的新加坡，水产养殖业也比较发达。

中国与东盟国家都拥有丰富的自然资源，但是彼此之间仍然有需求。例如，东盟国家需要从中国进口石油、非金属矿砂、纺织原料、茶叶产品及肉类。中国则需要从东盟大量进口天然橡胶、柚木、檀木、楠木、咖啡、可可豆、藤类及香料等。其中的天然橡胶、大米、木材一直是中国从东盟国家进口的重要商品。从中国与东盟进出口贸易的产品结构来看，资源禀赋型的初级产品占相当比重，说明中国和东盟在资源产品的进出口贸易上有很强的互补性。随着中国经济的发展和东盟一体化进程的不断加快，双方对资源类产品的消耗会持续增长，中国将成为东盟主要的资源类产品进口国。为了增强双方的政治经济互信，中国与东盟的合作范围不仅仅局限于商品贸易，双方还将拓宽各种渠道，如通过联合投资、联合开发来发展加工贸易并促进资源性产品的再升级。由此可以看出，中国与东盟国家间的资源类产品的互补性是长期的并且是可持续的。

日本是众所周知的资源小国。据经济产业省的数据显示，日本有储量的矿种仅有 12 种。日本虽在资源上相对匮乏，但长期经济高速发展造就的资源消费大国非常依赖进口资源。日本对许多矿产品的需求量均居世界首位,并对多种有色金属的进口依赖度平均在 95％以上,99％的石油、73.3％的煤炭、99％的铁矿石以及 100％的镍、锰、钛等稀有金属依靠进口。东盟国家自然资源丰富,与日本又是一衣带水的邻国,是日本主要的资源进口来源国之一,菲律宾地热资源预计有 20.9 亿桶原油标准能源,印度尼西亚已探明的矿产储量为:石油 500 亿桶、天然气 73 万亿立方米,是世界著名的液化天然气出口国;煤 360 亿吨,是亚太地区重要的产煤国和世界煤炭出口国,马来西亚锡矿储量居世界第二位,其产量几十年来一直占世界锡总开采量的五分之二,已探明的石油储量也有 4 亿吨规模。

中国、日本和东盟的资源禀赋情况决定了中日双方都在某种程度上依赖于来自东盟的资源类商品进口,东盟与中日在此类产品的双边贸易互补性同样明显。因此,因中日对东盟资源类产品及初级产品的争夺导致的进口贸易竞争在所难免。

二、产业结构

从 20 世纪 60 年代到 80 年代,日本一直居于东亚地区产业发展的第一阶梯,是东亚产业转移与优化的起始地。日本大力发展高新技术产业,积极引进发达国家的科学技术,不断学习发达国家的产业模式,技术密集型产业群高度活跃。同时,日本将本国与发达国家相比已经丧失比较优势的产业,逐渐转移给新兴工业化国家或地区,如中国香港、中国台湾、韩国、新加坡、东盟国家甚至包括中国东部沿海地区。日本采用商品贸易、投资建厂及技术转让的方式将纺织、钢铁、化工及机械产业阶梯转移到上述劳动力丰富的国家或地区,自身集中力量发展高附加值产业。作为产业承接者的新兴工业化国家尤其是东盟国家和中国，都抓住了东亚产业转移的契机。政府建立各种政策扶持，沿海企业高效利用日本的投资资金与转让技术，同时发展周边市场，优化产业结构，增强产品国际竞争力，提升产业实力，使其成为经济高速增长的引擎之一。这样，以日本为头雁，"四小龙"为雁翼，而东盟、中国同为尾雁的"雁行产业分工发展模式"便逐步形成。这种欣欣向荣的景象一直持续到20世纪90年代，自1990年起，后雁行模式中的各个主要国家外部环境及内部政策变化均比较大，使得产业发展出现新的特点。中国、日本和东盟的产业结构中出现的新变化导致中日在东盟贸易市场上的竞争性不断加强，中国与东盟贸易互补性逐渐超过日本与东盟间的贸易互补性。

如上一节研究所述，日本在自身的经济发展过程中非常注重发展自身新的比较优势，而将失去比较优势的产业陆续转移到发展中国家，日本本土则集中生产和出口技术资本密集型产品。但进入90年代后，日本国内产业结构积极调整却仍出现滞后情况，日本高科技产业特别是信息技术产业的发展相对迟缓导致其产业升级受阻。1990年以后，新的科技革命浪潮席卷全球，信息、生物、纳米技术成为发达国家经济发展的最新驱动力。尤其是美国在以信息服务为代表的高新技术产业占据了绝对优势地位，新的科技成果不断转化为商业产品，强劲的经济增长势头一直持续到了2008年，才被金融危机一时打断。

而世纪之交的日本虽是世界第二大经济体，但在技术战略上一直跟随欧美，缺乏本土核心科研能力，对于欧美先进科学成果的模仿与依赖较重，使得自身产业优化与升级速度放缓。另一方面,日本担心产业转移过多会造成核心技术外泄,同时为了避免过度依赖新兴工业化国家,有意地削弱了对东亚地区的技术转移。日本这种对产业转移的拉动效应减弱,最终也削弱了自己一直鼓吹的"雁行发展模式"的头雁效应。

中国自改革开放以后,抓住东亚产业转移的机遇,充分利用国内丰富的资源和廉价的劳动力,实施出口导向战略,不断深挖市场潜力。原先被跨国企业视为"禁区"的研发设计、投资管理以及部分高新技术,向发展中国家转移的趋势日益明显。尤其在中国已有投资的跨国公司,为了扩大在中国的市场份额,增强企业的本土化运作,将一些附加值较高的产业链转移至中国,并正在成为跨国公司投资的方向之一。早前已承接了第一次国际制造业转移的区域,如珠三角、长三角等地的制造企业借此受益较为明显。

中国的产业升级与发展逐渐缩小了其与日本之间的技术差距。随着与东盟间的贸易规模不断扩大及出口商品结构的不断优化,中国对东盟出口机电产品等资本和技术密集型产品数量亦逐年增长,开始抢占日本份额。然而,中日对东盟商品贸易竞争性不断加剧的事实掩盖不了中日对东盟出口贸易的各自特色。两国差别性显著,可谓共存共荣,而非完全的"此消彼长"的竞争关系。在初级产品及劳动密集型产品的产业内贸易中,中国与东盟的贸易互补性大于日本与东盟的贸易互补性,也说明双方之间还存在较大的市场合作空间。

三、政策导向

中日两国一直重视与东盟国家的经济合作,积极制定优惠政策促进双边贸易。贸易规模的稳步增长同时也加剧了中日在东盟市场的竞争。

中国一向重视与东盟国家间的合作,尤其是 20 世纪 80 年代改革开放以后,中国与东盟国家积极建立政治互信,经贸合作不断加强。1991 年中国与东盟对话伙伴关系建立之后,彼此之间的合作关系又进入了一个崭新的发展阶段。2002 年 11 月 4 日,中国时任总理朱镕基出席了在金边举行的第六次中国-东盟领导人会议,讨论深化中国与东盟的合作。此次会议上,朱镕基与东盟 10 国领导人签署了《中国与东盟全面经济合作框架协议》,将中国与东盟自由贸易区进程又向前推进了一步,当时的框架协议规定:(1)自 2005 年起中国和东盟间贸易产品降税措施开始逐步实施。2010 年到 2015 年期间,中国将先后与东盟各成员国建立健全自由贸易区。自由贸易区内,中国与东盟间将降低绝大部分产品的关税,最终实现零关税,真正实现贸易一体化。(2)为使中国和东盟双方尽快尝到自由贸易区的胜利果实,双方制订了"早期收获"方案,约定在 2004 年至 2006 年间,陆续对中国与东盟间大约 600 多种产品减免关税。这个方案涉及的产品以农产品为主,方案实施后确实大大提高了中国与东盟各国农产品贸易规模,为东盟国家带来了切实受益。为防止由于关税的大幅度减免造成对方优势产品大量入侵国内市场状况,预计中国和东盟双方都会积极努力提高产品质量,优化产品结构。(3)中国对东盟国家中尚未加入 WTO 的越南、老挝、柬埔寨同样给予多边最惠国待遇。2004 年 1 月,中国与东盟签订货物贸易协议,对 7 000 多种产品实施关税减让政策。2010 年 1 月 1 日,中国-东盟自由贸易区正式建立。根据自由贸易区的规定,中国与东盟 6 个老成员国(印度尼西亚、马来西亚、泰国、菲律宾、新加坡、文莱)93％以上贸易产品实现零关税,涉及商品7 000 余种,中国与东盟间的平均关税由原来的约 10％降至 1％以下,而中国与东盟 4 个新成员国(越南、老挝、柬埔寨、缅甸)也在 2015 年实现了 90％的产品零关税。关税壁垒的逐渐消除,大大方便了中国与东盟企业的对接发展。通过实施一系列优惠政策,中国与东盟间的经贸联系越来越紧密。

自 2013 年中国提出"一带一路"倡议后,作为陆海连接战略支点的东盟,因其枢纽地位备受世界关注,对华贸易关系更因得到双方的合力推进而愈加密切。又因"一带一路"倡议与《东盟共同体愿景 2025》《东盟互联互通总体规划 2025》等东盟各国自身经济发展规划高度契合之故,随着双方"10＋3""10＋6"等机制的不断完善,该地区深化经贸合作关系料将获得新动力,特别是中国-东盟自贸区升级版的生效,无疑会为中国与东盟在投资、贸易、服务、经济技术合作等领域的交流与合作开辟新的广阔前景①。

日本作为一个经济实力较强并占据重要国际经济地位的经济大国,多年来一直推行经济全球化战略。近年来,随着东亚崛起以及世界经济区域化的发展,日本逐渐开始重视自己周边的地区和国家,特别是与自己有着 40 多年经济贸易关系的东盟。东盟拥有超过 5 亿的人口,20 世纪 80 年代后经济的迅速起飞使人们相信东盟在未来的世界经济舞台上必将占有一席之地。

---

① 徐步、张博"中国—东盟贸易关系现状、问题和前景展望",《亚太安全与海洋研究》2017 年第 05 期。

所以,日本越来越意识到积极与东盟发展经贸关系的重要性。另外,日本也急于建立一个以自身为主导的经济同盟,以提升其在世界经济舞台乃至国际政治舞台上的地位。在 21 世纪之初,日本即提议建立日本-东盟自由贸易区,开始转变其相关贸易政策。2002 年,日本与东盟国家陆续签订"经济伙伴关系协定",推出了一系列有利于双边贸易发展的新政策。

2002 年 1 月,日本与新加坡最先签署了《日本-新加坡新时代经济伙伴关系协定》。2005 年 12 月,日本又与马来西亚正式签署协定,对马来西亚的汽车工业和钢铁工业给予一定的支持。同时,马来西亚也同意在 2015 年前逐步削减汽车、汽车零部件、钢铁和钢铁制品的关税。日本与菲律宾两国则在 2006 年 9 月 9 日签署了《日本-菲律宾经济伙伴关系协定》,日本每年接纳菲律宾一定数量的护士和看护师,菲律宾也在一定期限内废除钢铁制品的关税。日本和泰国两国则于 2007 年 4 月签署经济伙伴关系协定,日本同意把原来坚持协定生效后 3—10 年内废除关税的产品提前到协定生效后立即废除,而泰国则在钢铁和汽车进口中采取关税配额制度,分阶段削减关税。2007 年 8 月 20 日,日本和印度尼西亚正式签署《日本-印度尼西亚经济伙伴关系协定》,日本对从印度尼西亚进口产品的 93% 及向印度尼西亚出口产品的 90% 分阶段取消关税,而印度尼西亚也逐步削减本国的汽车及零部件、钢铁、电子设备等领域的关税。而日本和文莱的经济伙伴协定于 2008 年 8 月正式生效。对于日本而言,稳定文莱对日本天然气及石油产品的供应或许更为重要。根据该协议,日本和文莱两国往来贸易产品的 99.9% 要在生效后 10 年内逐步取消关税。日本和越南经济伙伴协定最终于

2008 年 12 月 25 日正式签订，协议规定，在协定生效后 10 年内，日本与越南约有 92% 的贸易产品将逐步取消关税。

　　另外，早在 2006 年日本就提出了"自由与繁荣之弧"计划，要加强在东南亚到南亚、中亚、东欧这弧形地带的投资、贸易、援助等，借此形成与日本拥有"相同价值观"的"自由与繁荣之弧"，东南亚是这一计划的重点地区。在安倍晋三于 2012 年底再次出任首相后，日本进一步加强了对东南亚的经济外交攻势。日本通过与东盟签署一系列的全面经济伙伴协议，在贸易、投资及其他领域积极推进广泛的经济合作，大大加强了与东盟的经贸联系。

第二章
服务贸易的新角力,聚焦新加坡

国际分工的日益细分和完善乃至势头迅猛的科技革命都为世界服务贸易的快速增长创造了条件,以更广阔的全球化市场为各国经济提供了新的发展契机。尤其在 2008 年世界金融危机之后的货物贸易在全球贸易中的地位有所下降,而服务贸易成为世界贸易和世界经济复苏的新动力。中国和日本作为东北亚经济圈的重要成员,相互之间也具有密切的经济关系,东盟国家是"21 世纪海上丝绸之路"的必经之地,也是中国和日本的重要贸易伙伴。随着"一带一路"倡议的推进,中国和东盟在多重领域实现全面互动,尤其在服务贸易领域发展势头良好。同时,日本也在不断推进与东盟的合作。由此,中国和日本在东盟服务贸易市场的对比研究成为近年来中国周边经济研究的热点之一。

第一节　中日对外服务贸易对比分析

随着世界经济的快速发展和国家之间彼此经贸联系的日益密切,服务贸易作为国家间互相提供服务的经济交换活动,在世界贸易中的地位越来越重要。中国和日本同处于东北亚经济圈,彼此经济往来十分密切,是重要的服务贸易伙伴。在此背景下,在对比分析中日两国对东盟服务贸易现状之前,有必要先分析中日两国对外的整体服务贸易水平。

以下分别从全球视角和东盟视角来对比分析中日的服务贸易水平。

一、全球视角下中日对外服务贸易对比分析

(一) 中日对外服务贸易规模对比分析

中日两国对服务贸易的发展都比较关注,贸易规模亦在不断扩大。从下页图 2-1"中日 2000—2017 年对外服务贸易出口规模"可以看出,中国对外服务贸易出口规模发展迅速,而日本相对稳定。总体来说,进入 21 世纪后的中日对外服务贸易出口发展过程可以划分为以下两个阶段:(1)2000—2007 年,中国和日本对外服务贸易出口规模总体上都呈现出了上升趋势。日本的出口总额始终高于中国,但是两者差距不断缩小,2000 年日本服务贸易出口额比中国高 351.06 亿美元,2007 年日本仅超中国 39.05 亿美元。(2)2008—2017 年,中国和日本服务贸易出口额波动比较大,但是中国出口规模在 2008 年开始反超日本,且两者之间的差距也有逐渐拉大之势。

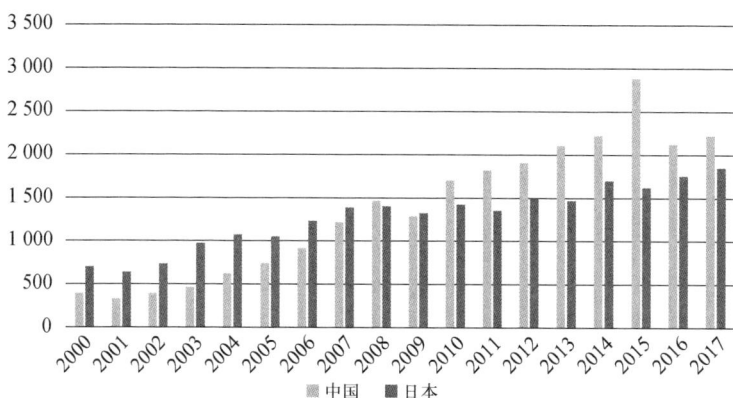

图2-1　中日2000—2017年对外服务贸易出口规模(单位:亿美元)

数据来源:2001—2018年中国统计年鉴,UN Comtrade Database.

　　中日历年服务贸易进口总额的演化情况,则如下页图2-2所示。在服务贸易进口额方面,中日差距较大,但和出口额类似,同样可以分成两个阶段。2000—2007年间,日本服务贸易进口额一直高于中国,但二者差距逐渐缩小,到2008年两国接近持平,2009年中国开始反超日本,至2017年中国服务贸易进口额高达4 550亿美元,几乎是一倍于日本的规模;此消彼长之后的2009—2017年期间,中日两国二者差距愈加增大,但二者的增速并不均衡,中国是不断走高的态势,而日本则是停留在一定规模上长期裹足不前。当然,观察这种服务贸易进口总额演变趋势的数字变化,既容易理解2001年加入WTO为契机之于中国的重要性,这使得作为发展中国家的后发优势得以基于世界市场而充分发挥,又能帮助我们比较客观地认识日本作为发达国家成熟市场的需求稳定性。

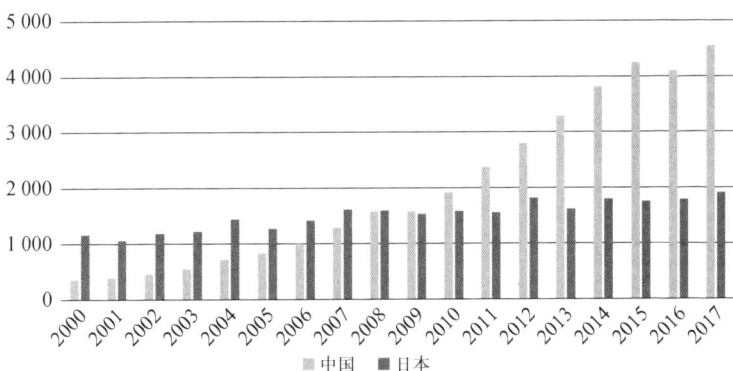

图2‐2　中日对外服务贸易进口规模(单位：亿美元)

数据来源：2001—2018年中国统计年鉴,UN Comtrade Database.

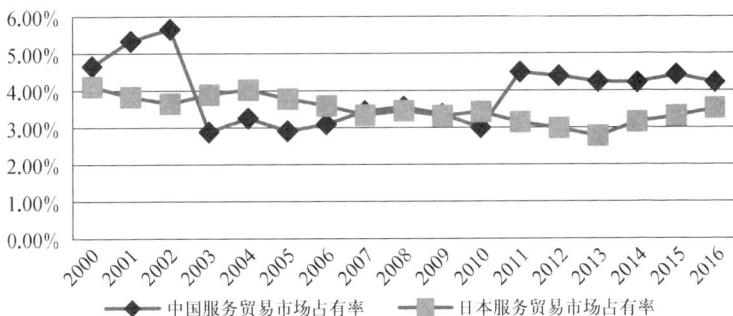

图2‐3　中日服务贸易国际市场占有率

数据来源：UN Comtrade Database.

　　服务贸易国际市场占有率,指的是一国服务贸易出口总额占世界服务贸易出口总额的比例,它反映一国服务贸易的整体竞争力,数值在(0,1)之间,该数值越大,竞争力越强。中国的服务贸易市场占有率除在2003年出现大幅度下跌和2011年出现明显上升外,其余年份,尤其是近几年来均较平缓,2016年保持在4.2%左右;日本的服务贸易市场占有率在2013年之前总体呈下降趋势,2013 年之后出现明显增长趋势,2016 年保持在3.5%左右,略低于中国,但二者的差距在逐渐缩小。

（二）中日对外服务贸易结构对比分析

通过中日对外服务贸易进出口额的比较分析,我们发现,近几年中国服务贸易额发展迅速,无论是进口总额还是出口总额都远超日本。而服务贸易的结构直接影响到服务贸易的质量和可持续性,全球主要经济体在服务贸易发展过程中,都或多或少地对本国的服务贸易结构有所调整,通过优化服务贸易的结构来实现本国经济的可持续性增长。以下,通过对中日 2016 年服务贸易进出口结构进行对比分析,比较两国服务贸易水平。

图 2 - 4 和图 2 - 5 分别是中日对外服务贸易进口结构分布,通过比较发现,中日在服务贸易结构上存在显著差异。以下将通讯服务、建筑服务、保险服务、金融服务、计算机和信息服务、专利权使用费和特许费、其他商业服务（会计、法律、咨询和

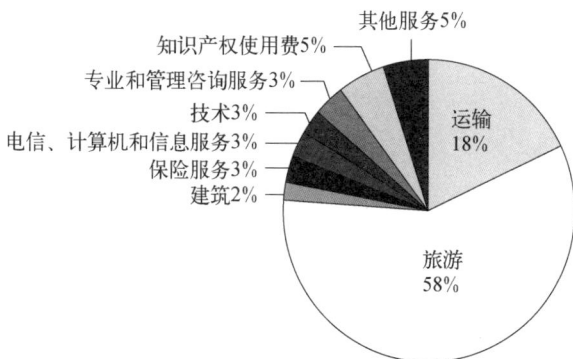

图 2 - 4　2016 年中国对外服务贸易进口结构

数据来源：2001—2017 年中国统计年鉴，UN Comtrade Database.

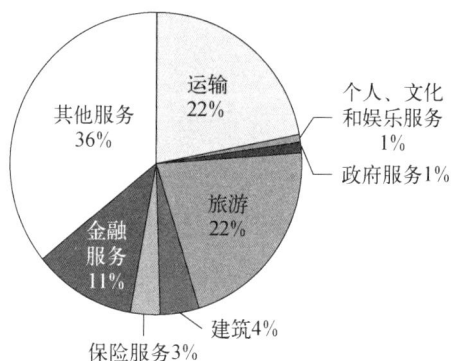

图 2‑5　2016 年日本对外服务贸易进口结构

数据来源：2001—2017 年中国统计年鉴，UN Comtrade Database.

广告等）七类归为生产性服务贸易。其余四类归为消费性服务贸易（以运输、旅游为主，包含个人文化和娱乐服务以及政府服务）。计算发现，中国消费性服务贸易进口占 76%，日本占 46%，而生产性服务业进口占比，日本高于中国。

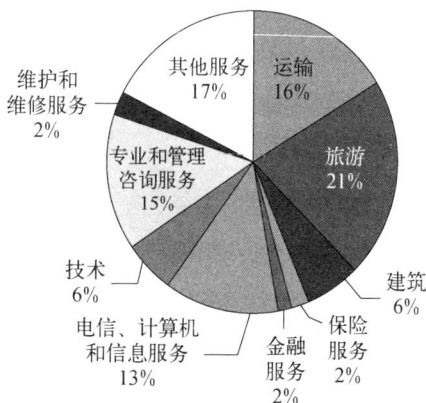

图 2‑6　中国对外服务贸易出口结构

数据来源：2001—2017 年中国统计年鉴，UN Comtrade Database.

比较中日对外服务贸易出口结构发现，与进口结构有所不同，生产性服务贸易出口占的比重越高，服务贸易结构越好，反之亦然。总体而言，2016 年中国的服务贸易结构相对更好。

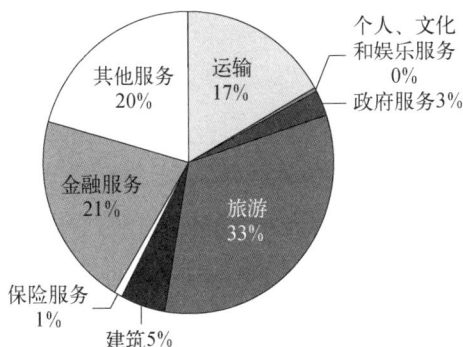

图 2-7　日本对外服务贸易出口结构

数据来源：2001—2017 年中国统计年鉴，UN Comtrade Database.

二、东盟视角下中日对外服务贸易对比分析

(一) 东盟服务贸易概况

近年来，服务贸易已经成为国际贸易的重要部分，服务贸易的发展影响着整个国家的经济发展[①]。

从下页图 2-8 可以看出，东盟十国的服务贸易发展水平很不均衡，各国服务贸易水平差异比较大。其中，新加坡、泰国、马来西亚、印度尼西亚和菲律宾五国的服务业相对较发达，其出口累积额占整个东盟服务业出口累积额的 95%，已基本可以代表东盟国家的服务贸易整体概况；其余五国则仅占整个东盟服务

[①]　王晓萱，"影响中国与东盟服务贸易逆差因素分析"，《时代金融》2017 年第 09 期。

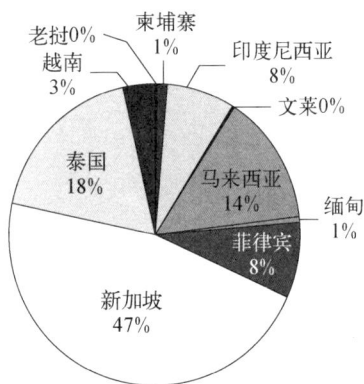

图 2‑8　2007—2016 年东盟各国服务贸易出口累积额占比情况

数据来源：东盟统计年鉴 2008/2017。

业出口累积额的 5%，占比较小，发展水平较低；其中，老挝和文莱的服务贸易发展水平最弱（进口情况与此类似）。

图 2‑9 展示了东盟十国的服务业进出口贸易水平。总体来看，东盟国家的服务贸易进出口比较均衡。但在 2009 年出现了短暂的贸易额下降趋势，可能与 2008 年金融危机的爆发有

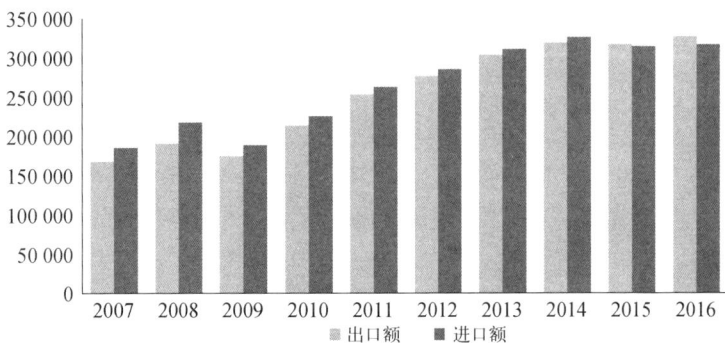

图 2‑9　2007—2016 年东盟服务贸易进出口额单位：百万美元

数据来源：东盟统计年鉴 2016/2017。

关,之后获得了较大幅度的连续增长,直至 2014 年规模创下新高。从 2007 年至 2014 年,东盟服务贸易差额逐年缩小,且进口额大于出口额,为贸易逆差状态;2015 年开始,东盟国家服务贸易的出口额开始大于进口额,逐步由贸易逆差状态转变为贸易顺差状态。

而下图 2-10 展示的则是 2007 年至 2016 年东盟服务贸易出口额的行业分布情况。东盟的出口服务贸易中,旅游服务业占东盟服务贸易总出口的 34%,为比重最大的行业,运输服务排在第二位,占 24%,紧接着是其他商业服务业,占 22%,为第三位。总体来看,东盟的服务贸易出口主要集中在旅游、运输服务、其他商业服务、金融服务、计算机和信息服务等行业,分别占总类别的 34%、24%、22%、7%、4% 等。

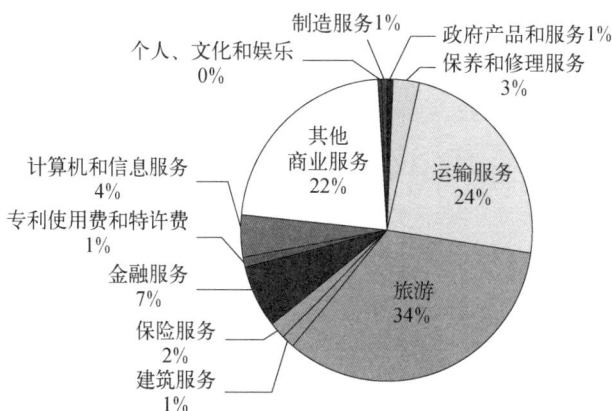

图 2-10　2007—2016 年东盟服务贸易出口的行业分布情况

数据来源:东盟统计年鉴 2016/2017。

近几年,东盟国家的服务贸易出口发展较快,总体增长态势明显。东盟国家的服务贸易出口分布与东盟国家的行业发展状况有很大关系。因此可以看出,各行业之间发展不太均衡,差异较大,东盟国家的旅游业、运输业以及金融业等相对其他行业发展较好。

在进口服务贸易中,运输服务排在第一位,占34%;第二位为其他商业服务,占比23%;第三位为旅游服务,占比20%(如下图2-11所示)。

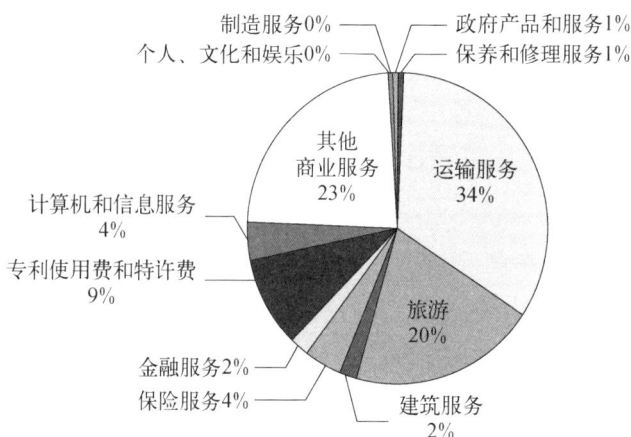

图2-11 2007—2016年东盟服务贸易进口的行业分布情况

数据来源:东盟统计年鉴2016/2017。

(二)日本对东盟服务贸易现状分析

本部分介绍日本对东盟的服务贸易现状,在进行分析之前需要说明两点情况:

第一,这里所采用的东盟数据并非包括全部成员国,而是仅选取包括印度尼西亚、马来西亚、菲律宾、新加坡和泰国在内的五个国家2000至2012年的数据。

表 2 - 1　　　　　2000—2012 年日本对东盟五国服务
贸易出口额占 GDP 的比重

年　份	GDP	出口额（百万美元）	占　比
2000	4 887 519.70	11 509.44	0.24%
2001	4 303 544.30	9 861.13	0.23%
2002	4 115 116.30	10 450.77	0.25%
2003	4 445 658.10	10 900.02	0.25%
2004	4 815 148.90	12 081.08	0.25%
2005	4 755 410.60	13 955.60	0.29%
2006	4 530 377.20	18 007.58	0.40%
2007	4 515 264.50	20 820.39	0.46%
2008	5 037 908.50	22 968.64	0.46%
2009	5 231 382.70	18 911.24	0.36%
2010	5 700 098.10	23 684.10	0.42%
2011	6 157 459.60	24 429.90	0.40%
2012	6 203 213.10	27 796.24	0.45%

　　之所以选择这五个国家，主要出于三个因素的考虑：首先，
UNCTAD（联合国贸发会）、ASEAN（东盟秘书处）的数据库中关
于东盟各成员国的服务贸易分行业的数据仅更新到 2012 年，因
此我们以 2012 年的数据进行分析；其次，东盟各成员国只有新加
坡、马来西亚、泰国、印度尼西亚、菲律宾服务贸易分行业数据较全，
并且这五国的服务贸易进出口额占东盟服务贸易总额的 95% 左右；
第三是这五国分别代表了东盟服务贸易发展水平的三个层次：第
一层次为服务贸易规模最大的新加坡；第二层次为马来西亚、泰国、
印度尼西亚；第三层次为菲律宾等经济发展水平较落后的东盟新成

员国。因此,对这五国的分析可以大致代表东盟及其成员国的服务贸易结构状况。综合以上三点,本部分仅涉及东盟五国 2000 至 2012 年的数据。

本节分析所用数据主要来源于联合国贸发会议数据库、中国服务贸易指南网、UN Comtrade 数据库等。

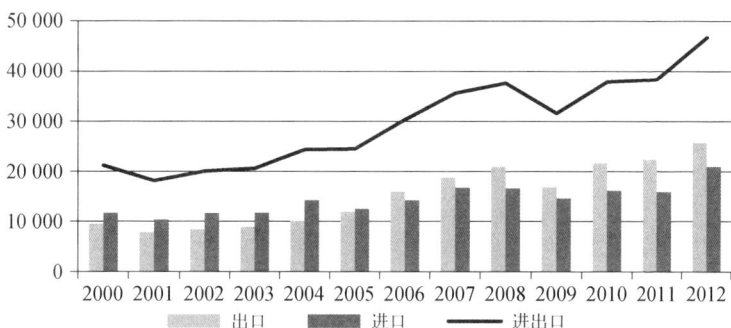

图 2-12 2000—2012 年日本对东盟五国服务贸易进出口额

数据来源:根据 UN Comtrade Database 数据计算而来(单位:百万美元)。

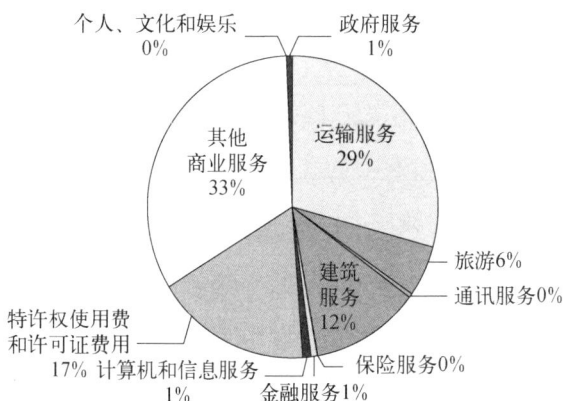

图 2-13 2000—2012 年日本对东盟服务贸易出口额的行业分布情况

数据来源:根据 UN Comtrade Database 数据计算而来。

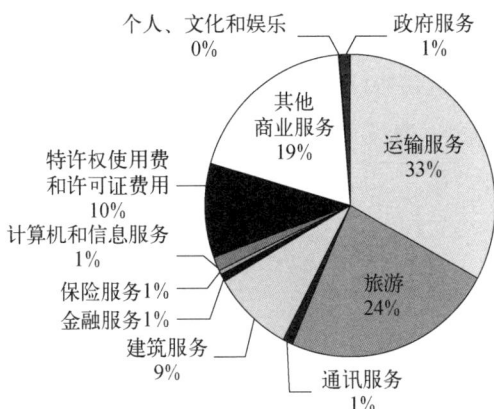

图 2-14 2000—2012 年日本对东盟服务贸易进口额的行业分布情况

数据来源：根据 UN Comtrade Database 数据计算而来。

前页图 2-13 展示的是 2000 年至 2012 年日本对东盟服务贸易出口额行业分布情况。总体来看，日本对东盟服务贸易出口行业分布不均，主要集中在其他商业服务、运输服务、特许权使用费和许可证费用、建筑服务、旅游等行业，分别占总类别的 33%、29%、17%、12%、6%等。

而在上图 2-14 所示的进口服务贸易中，运输服务规模最大排在第一位，占比为 33%；第二位是旅游服务，占比为 24%；第三位的其他商业服务项较之于出口比例明显偏低，但仍有 19%的占比。

(三) 中国对东盟服务贸易现状分析

后工业化时代的服务贸易是一国对外贸易的关键组成部分，也是区域经济一体化中的重要内容。中国与东盟在组建区域经济一体化组织——中国-东盟自由贸易区（简称 CAFTA）后，随着双方的货物贸易规模增长迅速，自然而然会寻求服务贸易领域的深化合作。2007年1月14日中国与东盟签订了《中国-东盟自由贸易区服务贸易协议》(以下简称《协议》),并于2007年7月1日正式生效。《协议》规定,双方还将就第二批服务部门市场开放问题进行谈判,以进一步推动中国与东盟的服务贸易自由化。《协议》的签订,为区域内服务贸易的开展提供了制度保障,成为推动中国和东盟区域经济一体化和贸易自由化的重要举措,这"对双边服务贸易的发展乃至双边贸易的发展提供了机遇和挑战。"①

近年来,随着服务贸易的不断发展,中国服务贸易规模增速持续超过商品贸易的增长,服务业、服务贸易与服务业国际投资良性互动无疑也有利于经济增长的健康性。中国与东盟地理位置相近,同属于发展中国家,经贸发展具有明显的互补性,学者们也很看好东盟各国在服务贸易方面的竞争力,认为会对中国服务贸易的发展产生重要促进作用②。

但关于中国对东盟国家服务贸易的数据,因公开资料数据欠缺,只有中国对新加坡服务贸易的数据可信度较高,且达到了一定规模。这也从侧面证明,新加坡是东盟国家中服务贸易最为发达的国家,其数据的统计与管理工作相对于其他国家更为完善。

况且,通过前面的分析内容可知,东盟国家自身服务贸易发展水平的确参差不一,投资耕耘时间更长的日本对以东盟五国

---

① 尹忠明、陈秀莲,"东盟服务贸易现状和影响因素的分析——基于1980—2007年的样本",《国际贸易问题》2009年第09期。
② 汪艳,"中国与东盟服务贸易竞争力的比较研究",《经济纵横》2015年第04期32-36页。

为对象的服务贸易行业同样呈不均匀分布。因此,我们推测中国对东盟国家的服务贸易水平在东盟国家间及行业间差别也比较大。

基于此种情况,在本章的下一节,我们仅尝试对中国与新加坡的服务贸易数据进行分析,以管窥中国与东盟之间的服务贸易情况。

第二节 中日对新加坡服务贸易对比分析

一、中日对新加坡服务贸易发展现状对比分析

(一)研究范围

本节对中国和日本在新加坡市场上的服务贸易状况进行对比分析,所采用的数据来源于新加坡统计局。该机构负责开发和维护新加坡统计系统,它提供可靠、相关、及时的统计数据,以支持新加坡的社会和经济发展。除了收集、汇编和传播广泛的官方统计数据外,新加坡统计局也分析和监测经济和社会趋势,发展和维护国家统计数据库。本部分内容的服务分类采用国际贸易标准分类——《国际服务贸易统计手册》(Manual on Statistics of International Trade in Services)。2002 年正式出版的《国际服务贸易统计手册》已成为国际服务贸易统计的重要法律文件。手册中提供了两种统计方式,一种是 BOP 统计体

系,另外一种是 FAT 统计体系。由于目前只有美国可以提供这两种统计体系的数据,因此本部分所涉及的所有服务贸易相关数据均来自联合国统计署数据库,采用国际收支中的 EBOPS 分类方法。根据学术界及新加坡统计局官方文件界定的服务业概念,并结合联合国统计数据库的服务贸易分类方法,本节将服务贸易分为:运输、保险、施工、金融、电讯,计算机及信息、知识产权使用费、个人,文化和娱乐、贸易相关、商业管理、其他服务 10 大类。这里采用 UN Comtrade Database 以及新加坡统计局中 2000—2016 年这十七年间中日对新加坡服务贸易的数据来进行研究。

(二) 中日对新加坡服务贸易规模对比分析

表 2-3 为根据新加坡统计局、UN Comtrade Trade 等数据源整理所得,清晰地反映了 2000—2016 年期间,各世界主要经济体服务贸易进出口在新加坡市场的占有率。2016 年,服务贸易出口在新加坡的市场占有率方面,中国为 7.80%,日本为 11.20%,美国为 22.60%,欧盟为 26.60%,中国低于日本、美国及欧盟;在进口方面,中国虽然仍低于美国与欧盟,但已经超过了日本,成为新加坡服务贸易第三大出口国。从表 2-3 还可以看出,在新加坡服务贸易出口市场份额方面,美国所占份额最大,平均为 31.58%;欧盟紧随其后,份额达到 23.19%;日本为 8.31%;中国为 5.67%;而在进口市场竞争力方面,目前中国在新加坡服务贸易进口市场份额已超过日本,2016 年进口服务总额达到 10 086.80 百万美元。

表 2 - 3 　　　　　2000—2016 年主要国家在新加坡
服务贸易的进出口市场份额

	出口市场				进口市场			
	China	Japan	America	EU-28	China	Japan	America	EU-28
2000	4.2%	13.0%	32.0%	23.0%	2.1%	6.9%	43.5%	14.1%
2001	5.1%	12.5%	32.0%	24.9%	2.4%	5.9%	42.9%	17.8%
2002	4.9%	12.3%	32.4%	27.2%	2.6%	6.7%	43.4%	19.2%
2003	6.6%	12.4%	32.2%	28.7%	3.4%	7.0%	40.6%	24.4%
2004	7.2%	14.9%	30.2%	25.2%	4.4%	10.0%	37.5%	21.8%
2005	6.9%	13.7%	30.5%	23.8%	4.2%	8.6%	35.8%	24.0%
2006	6.3%	12.7%	31.9%	23.7%	3.9%	9.9%	32.5%	26.2%
2007	7.4%	11.1%	27.2%	23.4%	4.5%	7.6%	33.1%	22.3%
2008	7.2%	8.8%	24.1%	25.0%	4.6%	6.5%	30.1%	23.6%
2009	7.5%	7.4%	23.5%	25.7%	5.4%	6.2%	36.2%	22.4%
2010	8.2%	7.2%	22.4%	21.9%	5.3%	5.7%	33.4%	22.5%
2011	6.4%	7.1%	20.3%	21.2%	5.7%	6.0%	28.2%	22.1%
2012	6.3%	7.0%	21.5%	20.5%	5.5%	5.3%	33.4%	21.9%
2013	7.1%	7.3%	22.0%	21.5%	5.6%	4.6%	32.6%	24.4%
2014	7.8%	8.0%	21.9%	20.7%	6.8%	4.6%	33.3%	25.8%
2015	8.4%	10.2%	23.2%	24.8%	7.3%	4.9%	37.9%	27.5%
2016	7.8%	11.2%	22.6%	26.6%	6.5%	5.2%	37.7%	23.8%

数据来源：新加坡统计局、UN Comtrade Trade。

　　从表 2 - 3 中可以看出，发展趋势方面，两国近 17 年呈现的
趋势各不相同。中国服务贸易总量在新加坡市场份额展现了稳

定增长的趋势。在对新加坡的服务贸易出口市场方面，2000年中国服务贸易出口在新加坡的市场占有率是日本的三分之一，这一数据至2016年已达到了日本的三分之二；而在对新加坡的服务贸易进口市场方面，中国服务贸易进口在新加坡的市场占有率从2000年的2.10%增长至2016年的6.50%。稳定的增长给中国服务贸易发展前景带来了更好的预期，展示了中国服务贸易强大的增长动力。中国服务贸易在新加坡市场占有率的稳定增长，与中国国内服务业高速发展和国家对服务业、服务贸易的大力支持有关，也与中国对外贸易的整体繁荣情况有很大关系。日本这一指标的发展趋势与中国相反：2000—2015年，日本服务贸易在新加坡的市场占有率呈现不断下滑的趋势。对新加坡的服务贸易出口方面，日本服务贸易出口在新加坡的市场占有率从2000年的13.00%降至2014年的8.00%，之后连续两年虽然呈现增长趋势并于2016年达到11.20%，但总体来看仍呈下降趋势。整体来看，从2000年至2016年，虽然中国服务贸易出口在新加坡的市场占有率一直低于日本的这一比率，但始终呈上升趋势，与日本的服务贸易出口在新加坡的市场占有率之间的差距在逐渐缩小。进口市场方面，2012年之前，中国在新加坡的市场占有率低于日本，但在2012年及以后，中国这一比率高于日本，这表明中国近几年在对新加坡的服务贸易进口方面越来越具有竞争力。日本近些年经济发展和服务贸易整体发展缓慢在一定程度上影响了其在新加坡市场的占有率。日本服务贸易增长的缓慢速度远低于像中国、印度这样高速发展的新兴发展中国家，直接导致其相对比重的下降。

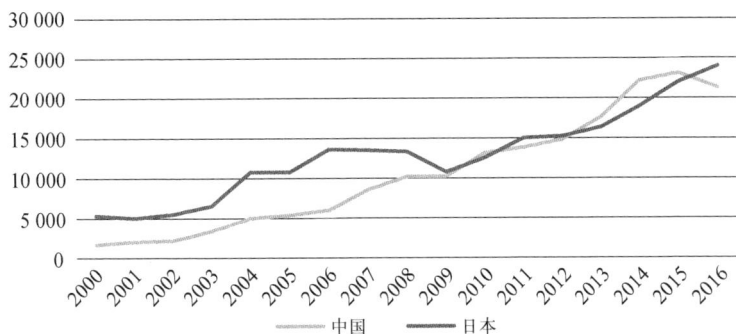

图 2 – 15　2000—2016 年中日两国在新加坡市场服务贸易总额（百万美元）

数据来源：新加坡统计局（http：//www.tablebuilder.singstat.gov.sg/publicfacing/）。

图 2 – 15 以折线图的形式反映了 2000—2016 年两国在新加坡市场进出口总额的增长情况。从图中可以看出，中国对新加坡进出口总额从 2000 年的 1 694.40 百万美元增长至 2016 年的 21 265.90 百万美元，经过十七年的发展增长至原来的近 12.50 倍；日本进出口总额从 2000 年的 5 344.50 百万美元增长至 2016 年的 24 029.80 百万美元，为 2000 年的近 4.50 倍。

从服务贸易在新加坡市场进出口总额近十六年的情况来看，中国增速高于日本，这也与近十几年中国经济的腾飞和相关政策的鼓励密切相关，而日本由于近些年经济不景气等原因，服务贸易发展相对较慢。仅从发展速度而言，中国竞争力强于日本。

（三）中日对新加坡服务贸易结构对比分析

服务贸易结构反映了服务贸易在各行业的占比情况。现代

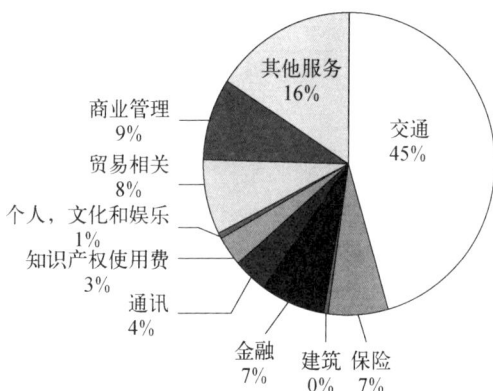

图 2 - 16　2016 年中国在新加坡服务贸易市场的行业分布情况

数据来源：新加坡统计局(http：//www.tablebuilder.singstat.gov.sg/publicfacing/)。

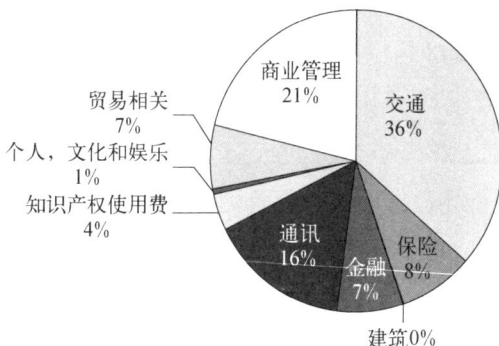

图 2 - 17　2016 年日本在新加坡服务贸易市场的行业分布情况

数据来源：新加坡统计局(http：//www.tablebuilder.singstat.gov.sg/publicfacing/)。

服务贸易产业近些年发展迅速,且附加值较高,是未来对外贸易的主要发展方向。现代服务贸易占更高的比重意味着该国服务贸易发展比较靠前,比较符合世界经济发展的大趋势,在现在和未来的国际竞争中也更有优势。具体构成数据方面,2016 年,中国与新加坡的服务贸易总额以行业划分,占比排名前三的分别为运输、其他服务和商业管理,比例分别为 46%、16%、9%,其中,在新加坡服务贸易市场,中国传统服务贸易所占比重仍然居主要地位。2016 年日本与新加坡的服务贸易总额中,运输行业占比为 29%,占比排名前三的行业分别为运输、其他服务和商业管理,占比分别为 29%、19%、17%。从结构上来看,以商业管理为代表的高附加值产业占比显著高于中国该指标说明,日本服务贸易技术含量较高,在世界市场上或许更富有竞争力。中国传统服务贸易产业占比更高,知识密集型和高附加值产业占相对比较低,这表明在新加坡市场上,日本的服务贸易结构要优于中国,日本比中国更具竞争力。

二、中日与新加坡服务贸易关系实证分析

(一) TC 指数分析

对于两国对新加坡服务贸易具体产业竞争力的分析,首先采用的是较为常用 TC 指数分析。TC 指数主要用于分析细分行业,反映本国该产业产品的优劣势。其计算公式为:

$$TC = \frac{X_{ai} - Y_{ai}}{X_{ai} + Y_{ai}} \qquad (2-1)$$

其中,X_{ai} 表示 a 国对 i 产业的出口,Y_{ai} 表示 a 国对 i 产业的进口。由于其计算公式为差值比和值,所以其结果范围为 $(-1,1)$,其结果值越大,表示该国该产业竞争力越强。TC 指数有无竞争优势以 0 为界,具体数据区间表达的国际竞争力情况如下:

(1) TC 取值为 $(-1, -0.6)$ 时有极大的竞争劣势;

（2）TC 取值为(−0.6，−0.3)时有较大竞争劣势；

（3）TC 取值为(−0.3，0)时有微弱竞争劣势；

（4）TC 取值为(0，0.3)时有微弱竞争优势；

（5）TC 取值为(0.3，0.6)时有较强竞争优势；

（6）TC 取值为(0.6，1)时有极强竞争优势。

1. 服务贸易大类 TC 指数分析

本部分采用中日两国对新加坡 2000—2016 年十七年间服务贸易各细分行业进出口数据，数据来源主要为联合国服务贸易数据库以及新加坡统计局，主要服务贸易分类采用该数据库采用的 EBOPS2002 方式，对各国每一年每个产业数据进行分析，最终整理计算出 TC 指数表。

由于 TC 指数分子为出口-进口，即顺逆差情况，因此一国某产业某年呈现逆差则 TC 指数为负，TC 指数与顺逆差情况有着十分重要的联系。

首先从整体来看，如表 2-4 所示，2015、2016 两年中国在新加坡市场服务贸易总额的 TC 指数为−0.03、−0.05，日本2015、2016 两年 TC 指数分别为−0.31、−0.33，表明由于近些年来中日两国对新加坡服务贸易均长期逆差。从 TC 指数上来看，中日两国对比，同为负值，在 2010 年前，日本对新加坡服务贸易进出口总额 TC 指数大于中国对新加坡服务贸易进出口总额 TC 指数，但在 2011 年以后(包括 2011 年)中国对新加坡的服务贸易总额 TC 指数值高于日本，日本 TC 指数由 2011 年的−0.05 下降到 2016 年的−0.33，一直维持在比较低的负值水平，而中国 TC 指数由 2011 年的−0.03 稍降到−0.05，表明日本服务贸易在新加坡市场上与中国相比而言稍处于劣势。发展变化方面,2000—2015 年,中国 TC 指数由 -0.23 波动上升,2015 年至 -0.03,2016 年稍有回转仍为 -0.05,表明中国服务贸易在新加坡市场上的竞争力虽然较弱,但仍在不断上升,且已经从 2000 年时比较大的竞争劣势逐渐发展为有较微弱的竞争劣势,这与近些年来中国在新加坡市场服务贸易逆差不断缩小有密切关系。日本则一直维持在 -0.33 以上的 TC 指数值,且近些年日本 TC 指数不断下降,表明日本在新加坡市场服务贸易中有较强的劣势,且近些年劣势在不断扩大,这也与近些年日本在新加坡市场服务贸易总额逆差不断扩大有密切关系。

下面对中日两国的 TC 指数分行业进行分析(参见下页表 2-4)。由于 2000—2016 年中日在新加坡市场服务贸易数据统计自新加坡统计局网站,而之前数据统计自联合国服务贸易数据库,二者在统计口径和统计角度上均有所差别。但我们在进行细致的对比确认后,发现部分行业少数年份数据缺失,只好设为空白。另外,将表中统计的 11 个服务贸易门类根据发展时间和知识密集性分为维护和修理服务、运输、保险、建筑、金融、电讯、计算机及信息、知识产权使用费、个人,文化和娱乐、贸易相关、商业管理、其他服务。

2. 中国对新加坡服务贸易分行业 TC 指数分析

中国方面,TC 指数大小排名前两位的产业分别为其他服务、贸易相关,其中其他服务、贸易相关服务 2016 年 TC 指数分别为 0.49、0.48,商业管理 TC 指数一直为正值,这三个产业也是近些年中国在新加坡市场具有一定服务贸易竞争力的产业。其中,排名第一的其他服务,从 2000 年开始 TC 指数为 -0.46,

表 2 - 4　中日两国 2000—2016 年在新加坡市场服务贸易各产业 TC 指数

	年份	维护和修理服务	运输	保险	建筑	金融	电讯,计算机及信息	知识产权使用费	个人,文化和娱乐	贸易相关	商业管理	其他服务	合计
中国	2000	-0.85	-0.26	0.08	-0.41	-0.90	0.27	—	—	-0.02	0.17	-0.46	-0.23
	2001	-0.83	-0.34	0.04	0.06	-0.94	0.04	—	—	0.23	0.15	-0.14	-0.24
	2002	-0.65	-0.27	-0.01	-0.88	-0.79	0.14	-0.99	-0.66	0.69	0.28	-0.02	-0.19
	2003	-0.94	-0.25	-0.20	-0.66	-0.94	-0.06	-0.90	-0.40	0.90	0.32	-0.14	-0.17
	2004	-0.83	-0.19	-0.23	-0.16	-0.95	-0.06	-0.96	-0.31	0.90	0.29	-0.10	-0.11
	2005	-0.81	-0.20	-0.16	-0.26	-0.91	-0.05	-0.96	-0.45	0.83	0.21	0.11	-0.12
	2006	-0.67	-0.28	-0.22	-0.64	-0.82	0.30	—	—	0.81	0.34	0.12	-0.15
	2007	-0.75	-0.27	-0.20	-0.69	—	-0.13	—	—	0.55	0.16	0.10	-0.20
	2008	-0.84	-0.33	-0.26	-0.86	-0.85	0.02	-0.97	-0.07	0.85	0.21	0.29	-0.19
	2009	-0.64	-0.28	-0.28	-0.45	-0.86	0.08	—	—	0.79	0.10	0.42	-0.12
	2010	-0.57	-0.35	-0.18	-0.49	-0.81	-0.00	-0.97	-0.08	0.83	0.03	0.42	-0.19
	2011	-0.79	-0.24	0.02	-0.40	-0.81	0.05	-0.94	-0.12	0.76	0.28	0.62	-0.03
	2012	-0.83	-0.21	0.16	-0.47	-0.88	0.13	-0.95	-0.04	0.75	0.18	0.61	-0.02
	2013	-0.85	-0.27	-0.02	-0.34	-0.91	0.18	-0.91	0.11	0.75	0.23	0.57	-0.06
	2014	-0.86	-0.18	-0.26	-0.47	-0.87	0.15	-0.92	-0.06	0.60	0.20	0.55	-0.03
	2015	-0.85	-0.18	-0.31	-0.60	-0.85	0.25	-0.90	-0.08	0.45	0.18	0.57	-0.03
	2016	-0.82	-0.10	-0.38	-0.18	-0.91	0.11	-0.91	-0.06	0.48	0.16	0.49	-0.05

（续表）

年份	维护和修理服务	运输	保险	建筑	金融	电讯、计算机及信息	知识产权使用费	个人、文化和娱乐	贸易相关	商业管理	其他服务	合计
2000	-0.85	-0.54	-0.13	—	—	0.02	0.96	—	0.05	-0.22	0.10	-0.21
2001	-0.79	-0.53	-0.10	—	0.02	-0.05	0.95	—	0.37	-0.40	-0.18	-0.25
2002	-0.75	-0.45	0.05	—	0.03	-0.02	—	—	0.42	-0.27	-0.15	-0.18
2003	-0.87	-0.44	-0.21	-0.56	-0.18	-0.28	0.95	0.82	0.38	-0.40	0.53	-0.12
2004	-0.75	-0.38	-0.23	—	-0.30	-0.24	—	—	—	-0.45	0.48	-0.06
2005	-0.80	-0.32	-0.30	-0.49	-0.27	-0.38	0.61	—	—	-0.44	0.12	-0.11
2006	-0.73	-0.33	-0.13	-0.60	-0.22	-0.26	0.64	—	—	-0.36	0.55	-0.04
2007	-0.79	-0.34	-0.16	—	-0.45	-0.32	0.55	—	—	-0.42	0.35	-0.14
2008	-0.77	-0.21	-0.14	—	-0.08	-0.37	0.33	—	0.09	-0.39	0.30	-0.11
2009	-0.69	-0.11	-0.22	0.54	-0.22	-0.35	0.20	-0.56	0.52	-0.26	0.42	-0.04
2010	-0.83	-0.14	0.01	—	-0.41	-0.61	0.27	—	0.64	-0.30	0.36	-0.09
2011	-0.72	-0.08	-0.19	—	-0.45	-0.49	0.18	—	0.54	-0.19	0.37	-0.05
2012	-0.82	-0.08	0.10	—	-0.51	-0.46	0.01	—	0.47	-0.30	0.10	-0.10
2013	-0.83	-0.09	-0.05	—	-0.43	-0.46	-0.14	—	0.59	-0.31	-0.23	-0.17
2014	-0.82	-0.01	-0.21	—	-0.50	-0.42	-0.16	—	0.54	-0.41	-0.43	-0.23
2015	-0.82	0.02	-0.22	1.00	-0.42	-0.72	-0.16	-0.78	0.48	-0.55	-0.54	-0.31
2016	-0.85	0.01	0.10	1.00	-0.41	-0.75	0.43	-0.76	0.48	-0.44	-0.60	-0.33

日本

数据来源：联合国服务贸易数据库、新加坡统计局。

竞争力较弱,2000年以后其TC指数波动增长,至2016年达到0.49,最高时于2011年达到了0.62。根据TC指数具体数值区间代表的竞争力情况,0.6以上代表具有极强的竞争力,0.30以上代表有较强竞争力,中国贸易相关服务在新加坡市场上有较强竞争力的范围,最高值时已经逼近了极强竞争力的0.60。TC指数上的反馈是对中国近些年来贸易相关快速发展的重要肯定,作为现代服务产业有着非常大的发展空间和前景,是中国重点发展的部门之一。排名第二的是贸易相关服务,其TC指数从2000年的-0.02增长至2016年的0.48,虽然TC指数没有处于稳定上升的状态,但是仍然表现出较高的竞争优势,与其他服务产业构成了中国具有明显竞争力的两个产业。TC指数排名后三位具有竞争劣势的产业分别为维护和修理服务、知识产权使用费、金融,各自2016年TC指数值分别为-0.82、-0.91、-0.91。具体分产业来看,知识产权使用费、金融均以-0.91超低的数值排名并列倒数第一,考虑到TC指数最低值的极端情况为-1,低于-0.6即表示有极大劣势,-0.1以其接近-1的数值表示竞争劣势极大。并且,知识产权使用费、金融2000—2016年TC指数变化均较小,其中,知识产权使用费TC指数2000年为-0.99,17年间基本维持在-0.90以下,表明中国在该产业上一直处于极大劣势,且没有好转。同样,金融TC指数2000年-0.90,17年间基本维持在-0.79以下。维护和修理服务作为中国近些年服务贸易的第三大逆差行业,2016年在新加坡市场服务贸易中TC指数为-0.82,从2000年至2016年其TC指数变化区间为[-0.94,-0.57],处于较大劣势。保险行业2016年TC值为-0.38,其值属于较大竞争劣势

范围,还没有构成极大竞争劣势①。保险逆差由 2013 年的
11 百万美元大幅增加至 526.80 百万美元,从 2000 年保险服务
TC 指数值为 0.08 起,至 2016 年中国保险服务 TC 指数值为
－0.38,仍然处于较大竞争劣势范围。处于中间的四个行业分
别为运输、保险、建筑、个人,文化和娱乐。运输方面,2000 年其
TC 指数为－0.26,17 年间一直处于比较低水平的负值,表明中
国在新加坡市场运输服务产业的竞争力水平较低。而保险服务
方面,TC 指数自 2012 年起,中国保险行业在新加坡市场 TC 指
数从 0.16 开始不断下降至 2016 年的－0.38,表现了中国保险服
务在新加坡市场竞争力不容乐观,从微弱的竞争优势到 2016 年
已经变成了较大的竞争劣势。

　　3. 日本对新加坡服务贸易分行业 TC 指数分析

　　由于部分数据的缺失导致了本部分的 TC 指数不连续,但
从已有数据方面还是可以大致得出以下一些结论。

　　日本方面,TC 指数大小排名前两位的行业分别为建筑和
贸易相关。2016 年,两大行业的 TC 指数分别为 1.0 和 0.48。
建筑行业 TC 指数虽然缺失最多,但可以看出其趋势为上升状态,
从 2005 年和 2006 年在所有行业中倒数第二的位置上升到
2016 年第一的水平,表明其竞争力在快速上升并达到极强水平。
贸易相关服务的 TC 指数从 2000 年开始就处于竞争优势地位,虽
在 2008 年之前出现了短暂的大幅度降低,但在 2016 年依然处于
第二名的位置,也表明了日本与新加坡的贸易相关服务在两国之

---

① 　唐金成、梁悦,"中国-东盟保险业发展比较与经验借鉴",《东南亚纵横》2009 年
第 06 期。

间的服务贸易中扮演着重要角色。知识产权使用费的 TC 指数从 2000 年到 2015 年呈下降趋势,从 2000 年的 0.96 连续下降到 2015 年的－0.16,表明其竞争力在这 16 年间弱化较多。2015 开始,知识产权使用费的 TC 指数呈现明显的上升趋势,有 2015 年的－0.16 上升为 0.43,由不具竞争力的状态发展成为具有较强竞争力的行业。保险服务的 TC 指数呈波浪式的发展趋势,2015 年开始这一指标开始为正值。而金融行业的 TC 指数在 2001 年与保险指数基本相同,但呈波浪式的下降趋势,2003 年之后一直为负值,且近几年无明显上升趋势,说明日本与新加坡的金融服务贸易在总行业中缺乏竞争力。运输行业的 TC 指数虽然起点较低,但一直呈现上升趋势,表明运输行业的竞争力正在逐年增强。商业管理行业的 TC 指数从 2000 年的－0.22 发展到 2016 年的－0.44,表明日本服务贸易在新加坡的商业管理行业的竞争力减弱。TC 指数变化较大的另一个行业是其他服务。与建筑行业呈现较大上升变化相反的是,其他服务行业的 TC 指数呈现较大下降变化。从 2000 年至 2016 年,该行业 TC 指数最大值达 0.55,代表较强的竞争力;最小值为 2016 年的－0.60,代表较大的竞争劣势。这一现象表明日本对新加坡的其他服务贸易的竞争优势正在衰弱。电讯,计算机及信息行业和个人,文化和娱乐行业的 TC 指数均呈逐年下降趋势,不再赘述。维护和修理服务行业的 TC 指数在 2000 年至 2016 年间一直处于竞争劣势的地位,位于所有行业之末。从 2015 年开始有下降的趋势。

（二）CA 指数分析

CA 指数,即显示性竞争比较优势指数,指一国一产业出口

RCA 指数减去进口 RCA 指数。本文采用 CA 指数的原因在于，RCA 指数仅引入了本国出口比例与世界出口比例的比值，没有考虑进口的影响。而实际竞争力是由出口和进口共同影响的。

RCA 指数的计算公式为：
$$RCA_i\,出口 = \frac{X_i / X_t}{X_i W / X_t W} \tag{2-2}$$

其中，i 为 i 产业，X_i 为一国 i 产业出口额，X_t 为该国服务贸易总出口额，$X_i W$ 为 i 产业世界总出口额，$X_t W$ 为世界服务贸易总出口额。

$$CA\,指数＝RCA\,出口－RCA\,进口$$

CA 指数以 0 划分，大于 0 表示有优势，小于 0 表示有劣势。CA 指数越大，则优势越强。

1. 数据和行业选取

由于 CA 指数涉及到世界服务贸易各个行业总出口额，统计起来相对比较复杂，故本部分数据分析并没有像前文 TC 指数分析不以服务贸易所有大类为对象，而是只选取了运输、保险两个行业近 17 年的数据进行 CA 指数分析，主要出于以下两方面考虑。

（1）上一部分 TC 指数已对所有大类完成了近十七年的分析，此处若再对各个行业近十七年数据进行 CA 指数分析，难免会出现计算结果和数据分析的重复性，且篇幅有限，不宜过长，所以这里选取两个重点行业进行了分析。

（2）选取运输和保险两个行业的原因。首先，运输和保险属于不同的服务贸易，运输属于消费性服务贸易，保险属于生产性服务贸易,通过分析可以对比两种服务贸易的竞争力。其次,运输服务和保险服务占服务贸易总额占比较大,两个行业2016年中国对新加坡服务贸易出口的44％和日本对新加坡服务贸易出口总额的45％。

2. 具体指数分析

表2-5为利用前面所述CA指数公式,整理自联合国服务贸易数据库等,计算所得2000—2016年两国对新加坡运输和保险服务CA指数值。由表中数据可以分析近17年中日对新加坡运输和保险服务竞争力变化情况。

中国运输服务贸易2000—2016年CA指数值呈现先减少、再增加、再减小、再增加的波动变化趋势,且2000—2016年均为负值,在处于劣势。整体上看来CA值有增大的趋势,尤其是2013—2016年,CA值不断增大,由－1.16增大至－0.25,表现出中国近些年运输服务虽然处于劣势,但是竞争力正持续增强。中国保险CA指数2000—2016年虽呈现有增加和减少的波动变化,但整体上CA值大幅降低,从2000年0.982,表现出较大比较优势,一直减小至2016年－1.28,显示非常大的竞争劣势,其变化之快值得引起重点关注。

日本运输服务贸易2000—2016年整体CA值缓步上升,显示日本在运输上比较大的竞争力。变化情况方面,日本运输服务近17年CA值呈现先降低、后上升的趋势,表明日本运输服务在2000—2003年经历了运输服务竞争力的不断下降,但是及时对相关产业做出调整和政策支持,使得其竞争力从2003年开始又逐渐回升。日本保险服务与中国保险服务CA值变化在2000—2009年基本同步,但是在2013—2016年,日本旅游CA

值迅速上升,2016 年 CA 值达到 1.02,表现较大的比较优势。表明日本近些年来对保险服务所采取的政策措施十分有效,对日本近些年的发展起了很大的推动作用。中日两国对比来看,近两年无论是运输贸易还是保险贸易,日本在国际竞争中具有更大的竞争力,而中国处于相对劣势。

表 2 - 5   2000—2016 年中日运输、保险服务贸易 CA 指数

年份	中 国		日 本	
	运 输	保 险	运 输	保 险
2000	−0.27	0.98	−0.97	1.02
2001	−0.57	1.00	−1.03	0.98
2002	−0.81	0.44	−1.27	0.80
2003	−0.79	−0.05	−1.22	−0.21
2004	−0.57	−0.15	−0.76	−0.25
2005	−0.54	0.05	−0.59	−0.25
2006	−0.58	0.06	−0.63	0.02
2007	−0.47	0.27	−0.55	0.22
2008	−0.81	0.15	−0.55	0.20
2009	−0.88	−0.71	−0.58	−0.54
2010	−1.07	0.14	−0.58	0.53
2011	−1.04	0.32	−0.48	−0.31
2012	−0.98	0.60	−0.33	0.97
2013	−1.16	0.16	−0.15	0.47
2014	−0.78	−0.95	0.26	−0.39
2015	−0.50	−0.89	0.60	0.04
2016	−0.25	−1.28	0.50	1.02

数据来源:联合国服务贸易数据库、新加坡统计局。

（三）小结

通过对中日服务贸易在新加坡市场竞争力和竞争优势比较分析，我们可以发现，在新加坡服务贸易市场，中国和日本两国之间综合竞争力是存在一定差距的。

由 TC 指数可观察出中日两国在新加坡市场服务贸易分行业情况。中国主要优势产业为贸易相关、其他商业管理，主要劣势产业为知识产权使用费、金融，另外，中国近些年来保险服务竞争力快速下降。日本的主要优势产业为知识产权使用费、保险，主要劣势产业为维护和修理服务，近些年运输竞争力快速增长，其他服务竞争力下降较快。

由 CA 指数分析，得出中日两国主要行业-运输服务和保险服务的竞争力情况，整体上看来中国运输服务竞争力有增长的趋势。但是，中日两国对比来看，近两年无论是运输贸易还是保险贸易方面的竞争力，日本均明显高于中国。

第三章
东盟承接的中日直接投资经济效应

"二战"以后特别是 20 世纪 80 年代以来,世界直接投资(FDI)发展极为迅速,跨国并购重组规模越来越大,直接投资对对象国经济发展的拉动作用也越来越大。而承接直接投资的东道国,也因其受益于资本和技术的双重溢出效应无不期待有加。可以说,直接投资是全球经济一体化中的一个重要元素,在经济体之间创造了一条直接、稳定而又长期的纽带[1]。世界银行的《1991 年世界投资报告》中就曾提到:随着全球经济一体化的进程推进,FDI 正处于腾飞阶段,其地位就如同国际贸易在 40 年代末的地位一般[2]。

自进入 21 世纪以来,中国正逐渐由外资引进大国转变为对外投资大国[3]。为了加快中国企业走出去的步伐,政府先后提

---

① 赵晓迪,《中国对外直接投资长期发展趋势》,北京,新华出版社 2009 年 9 月第一版,第 182 页。
② 《1991 年世界投资报告》第 3 页。
③ 桑百川、杨立卓、郑伟,"中国对外直接投资扩张背景下的产业空心化倾向防范——基于英、美、日三国的经验分析",《国际贸易》2016 年第 02 期。

出了"走出去"战略和"一带一路"倡议。2000年,基于对当时中国经济发展阶段和适应全球经济一体化趋势的判断,中国政府提出"走出去"战略,强调中国应该充分利用国内和国外这"两个市场、两种资源"。而在此之前,中国政府重点在于"引进来",即主要是吸引外商直接投资,在地方政绩考核中,也将吸引外资的规模作为重要的考核指标;而对于对外直接投资,直到20世纪90年代仍采取不支持的态度。

为了进一步提升自身参与经济全球化的能力,中国在2013年又适时提出了以打通欧亚海陆物流顺畅通道为重点的"一带一路"倡议,即开拓"新丝绸之路经济带"和"21世纪海上丝绸之路"的重大战略构想,试图构建"一带一路"沿线产业链和价值链。目前,中国正积极推动与沿线国家的务实合作,期待通过与"一带一路"沿线国家经贸合作的健康发展来实现与沿线国家的共同发展。

作为亚洲最大、仅次于欧盟的世界第二大重要区域性组织,东盟不仅在经济一体化上取得积极进展,而且在国际和地区事务中发挥着越来越重要的作用[1]。中国非常重视同东盟在互利平等的基础上所开展的各项经贸往来,同样期待位于东西方和海陆交汇处的东盟能积极呼应"一带一路"倡议,以不断拓宽双方共同利益的实现渠道。可以说,因为实力和现实原因,从东盟建立,到10+1,到10+3,再到10+6或东亚共同体,中国始终坚持东盟在东亚合作中应占据的主导地位,以强化东盟次区域

---

[1] 史本叶、张超磊,"中国对东盟直接投资:区位选择、影响因素及投资效应",《武汉大学学报(哲学社会科学版)》2015年第03期。

合作为主要目标。

当然,"一带一路"倡议的相关项目实施必须坚持按照市场化原则,遵循市场规律和国际通行规则来运作,以充分发挥市场在资源配置中的决定性作用和各类企业的主体作用。特别是,"21世纪海上丝绸之路"沿线国家覆盖了东盟全部成员国,这为中国在新的战略下对东盟直接投资提供了更加便利的条件①。东盟大部分成员国基础设施落后,但是资源丰富,产业结构互补,彼此合作潜力和空间巨大。

此外,基于中国-东盟自贸区和大湄公河次区域(GMS)经济合作机制,中国和东盟以及相关成员国之间制定了一系列投资便利化协议,使得中国-东盟双边直接投资迈向一个新台阶。

传统上,东盟直接投资最主要来源国是日本、美国和欧盟各成员国,特别是日本在战后与东盟长期保持着稳定的投资合作关系。日本企业的品牌在东盟具有相当的影响力,并通过OFDI方式使当地人适应了日本式的企业经营管理理念。中国在东盟投资比较迟,但是发展势头非常强劲,而且中国到东盟投资具有明显优势——文化优势。华侨在当地经济生活中占有重要一席之地。中国-东盟自由贸易区建成之后,双方经贸往来更加密切。中国对东盟投资市场的开拓必然引发区域内竞争态势的改变,中国会对日本在东盟市场上的传统霸主地位构成很大程度上的威胁。因此,日本必然会对这一竞争态势做出反应。

---

① 郑磊,《中国对东盟直接投资研究》,东北财经大学出版社2011年。

第一节 中日对东盟直接投资
现状对比分析

一、日本对东盟直接投资分析

(一)日本对东盟投资的起步

日本与东盟贸易投资关系的恢复与"二战"后日本对东南亚国家的战争赔偿有着极大的关系,可以说战争赔偿是日本对东南亚国家直接投资的起点。"二战"后资源匮乏的日本失去了中国这个资源供应地和商品销售市场,而且刚结束战争的日本尚未与东南亚国家建立外交关系,使得日本与东南亚国家开展贸易活动非常困难。朝鲜战争带来的"特需景气"结束后,日本经济又一次陷入了困境,迫切需要获得更加稳定的原料供应商和商品销售市场。日本首相吉田茂说道:"自不能与中国贸易以来,我们(日本)与东南亚关系的重要性不言而喻。"政府尽可能以资金、技术、劳务或者其他形式来扩大(与东南亚国家的)合作,发展双方的经贸关系,实现共同繁荣[1]。

"二战"后,作为战败国的日本理应对深受其害的亚洲国家进行战争赔偿。但美国调整了其亚洲战略,对日本采取扶持政策。从 1947 年初至 1949 年 5 月,以"斯特赖克报告"与凯南的

---

[1] K. V. Kesavan,Japan's Relations with Southeast Asia,1952 - 1960,Bombay:Somaiya Publication,PVT. Ltd. 1972,p123.

《关于美国对日政策的建议》为代表,美国逐步减少日本的战争赔偿额度,甚至放弃了赔偿①,引发了东南亚国家的强烈不满。日本为了打开东南亚市场,需要尽快与这些国家建交;美国基于战略同盟借此遏制共产主义发展的考虑,也希望东南亚国家与日本修好,希望东南亚国家通过原料供应来支持日本经济发展。经过一系列的"赔偿外交"谈判,最终日本与东南亚四国达成赔偿共识,并很快建立了外交关系。有稳定外交作基础,日本的很多投资项目通过"以工代赈"式的战争赔偿等方式,加上支援发展中国家的国际协作名义,可以说毫无障碍地进入了东盟国家市场。等到东盟在 1967 年宣告成立时,日本与东盟国家所建立的贸易投资关系已经非常密切。

(二)日本对东盟直接投资规模的演进

日本对东盟直接投资大体分为以下四个阶段。

第一个阶段:20 世纪 50 年代初至 60 年代末。日本在这一阶段着重于发展国内经济,受资金和外汇储备规模的限制,大规模海外投资时机尚未成熟。因此,这个阶段日本对东南亚国家直接投资规模相对较小。

第二阶段:20 世纪 60 年代末至 80 年代初。"肯尼迪会合"结束后,日本放松了对外投资限制;并且东盟国家的外商直接投资政策,从独立初期对外国投资的限制转变为较开放的欢迎姿态;同时,日本经过 20 多年的经济快速发展后外汇

---

① 乔林生,《日本对外政策与东盟》,北京,人民出版社,2006 年 12 月第 1 版,第 29 页。

储备迅速逐渐增加,规模上跃居世界第二经济大国,积累起了巨大的经济实力,到东盟大规模直接投资的时机也渐趋成熟。1970 年日本对东盟投资额突破 1 亿美元,1970—1979 年日本对东盟 OFDI 累计达到 57.2 亿美元,年均增长超过 30%。受 1971 年日元升值以及 70 年代两次石油危机的影响,日本对东盟直接投资再达到第一次投资高潮之后,一度将投资重点转向欧美市场的"效率获取型直接投资",在东盟市场的投资份额有所下降。

第三阶段:20 世纪 80 年代中期至 1998 年东南亚金融危机时期。1986 年,由于日本长期对美国贸易顺差,与美国的贸易摩擦日益呈白热化态势。迫于美国持续施压,美日最终签署"广场协议",日元对美元开始大幅升值,这给日本的外向型经济带来了前所未有的巨大压力,使之在很长一段时期内面临着进出口贸易额下滑、经济结构亟需全面调整的局面。在对外贸易受阻形势下,日本再次迎来了对东盟 OFDI 的高潮。日元大幅升值为日本 OFDI 带来了巨大机会,而且还能通过 OFDI 减缓贸易摩擦,最重要的是,向东盟转移化工、纺织等边际产业的 OFDI 配合产业合理化和转型升级的国内政策导向,令日本产业布局得以顺利实现优化。

第四阶段:东南亚金融危机后迄今。以 1997 年爆发的东南亚金融危机为分水岭,日本对东盟 OFDI 逐渐减少并流向中国大陆,对中国的直接投资迅速赶超对东盟的投资额[①]。虽然

---

① 石井久哉(日本),"日本对中国和东盟直接投资的动向与展望"《南洋资料译丛》,2004 年第 3 期第 1 页。

日本对东盟的 OFDI 到 2000 年又开始回升,但直到 2005 年才再度超过危机前的水平[①]。

从国别投资数据来看,1965—1970 年间,日本对印度尼西亚的投资额最大,达 2.08 亿美元,1971—1985 年更达到 81.81 亿美元,远远高于其他国家对印度尼西亚的投资额。一直到东南亚金融危机之前,印度尼西亚一直都是日本在东盟各国中投资额最多的国家。而越南战争前后的近 20 年间,日本对地处中南半岛的越南、柬埔寨、老挝、缅甸等国的直接投资存量几乎都是零。参见下表 3-1。

表 3-1　日本对东盟各国直接投资金额累计(单位:百万美元)

国　家	1965—1970 年	1971—1985 年	1986—1997 年	1998—2004 年	2005—2011 年
文　莱	86.0	22.0	32.0	1.6	—
缅　甸	0.0	0.0	39.0	22.4	—
柬埔寨	0.0	0.0	0.0	0.0	—
印　尼	208.0	8 180.8	15 090.7	4 610.2	8 273.8
老　挝	0.0	0.0	0.0	0.0	—
马来西亚	36.0	1 073.7	7 169.5	2 204.7	7 497.2
菲律宾	49.0	819.0	3 725.4	3 197.5	4 902.6
新加坡	18.0	2 235.3	11 391.1	5 085.4	15 472.0
泰　国	58.0	669.8	10 934.3	6 375.0	19 745.9
越　南	0.0	0.0	1 062.1	487.4	5 362.7

数据来源:1965—1994 年的数据来自日本财务省,1995—2015 年数据来自日本贸易振兴机构。

---

① 戴建伟(印尼),"东北亚对东南亚的直接投资",《南洋资料译丛》,2011 年第 2 期,第 16 页。

当然,日本对东盟的直接投资大多与获取资源的目的有关。这类资源获取形式的 OFDI,对日本经济发展所需各类资源、燃料的追求倾向非常明显。毋庸置疑,作为资源贫乏的国家,日本公司 OFDI 重要动机之一就是寻求并控制自然资源的可靠来源。也许出于确保资源导向型投资对日本经济重要性的考虑,日本政府为这类投资提供了持续且有力的支持①。

时至 20 世纪 80 年代中期,随着新加坡、泰国的崛起,以及日本转移边际产业的需要,日本的投资重心开始转移至泰国、新加坡。这一期间,新加坡、泰国、马来西亚承接日本的投资额显著增多,并占日本对东盟直接投资的较大比重。相比之下,除经济发展水平最为落后的老挝一直未见日本投资外,柬埔寨、缅甸和向以石油资源丰富著称的文莱所吸引的来自日本的 FDI 在 2005 年～2011 年间再次降至无法统计的微小规模。

如表 3-2 所示,2012 年以来,日本对东盟各国的直接投资开始进入稳定增长全面撒网的新阶段,即便是被长期忽略的柬、老、缅、文莱四国承接的日本 OFDI 存量增势同样 6 年来未间断过。当然,在东盟各个成员国区域的日本直接投资分布一如既往地并不均衡,对新加坡、泰国、印度尼西亚和越南的投资存量增幅显著高于马来西亚和菲律宾。截至 2017 年底,日本之于东盟全境的 OFDI 存量总额终于达到了惊人的 3 256.93 亿美元的高值点。

① 戴建伟(印尼),"东北亚对东南亚的直接投资",《南洋资料译丛》,2011 年第 2 期,第 9 页。

表 3-2 　　　　　　　　　近年日本对东盟各国直接投资
　　　　　　　　　　　　　　存量累计(单位:百万美元)

年　份	2012	2013	2014	2015	2016	2017
新加坡	36 063	36 549	45 733	50 484	41 627	63 097
泰国	35 040	44 581	52 588	51 272	55 326	63 383
印度尼西亚	18 427	19 787	23 770	24 532	27 009	30 507
马来西亚	13 312	13 204	13 741	13 463	12 861	14 528
菲律宾	10 379	10 752	11 165	12 323	13 725	15 056
越南	8 415	10 790	12 009	13 156	14 481	15 648
柬、老、缅、文	77 159	88 324	101 265	101 590	108 921	123 474
合　计	198 795	223 987	260 271	266 820	273 950	325 693

数据来源:日本财务省网站。

(三) 日本对东盟直接投资的部门结构

1. 日本对东盟 OFDI 部门结构发展过程

20 世纪 70 年代初期至 80 年代中期,日本对东盟直接投资类型主要有三类:资源获取型、市场导向型和出口导向型。日本资源极为贫乏,为维持经济发展之需则必大量进口资源和初级产品。如前所述,从行业和领域选择而言,日本企业 OFDI 对自然资源投向的偏好显而易见。

1951—1987 年间,日本对东盟直接投资额达 123 亿美元,其中仅对盛产石油、天然气类能源大国印度尼西亚的投资就占对亚洲投资总额的 36.58%[①]。20 世纪 60 年代后期,在贸

---

① 乔林生,《日本对外政策与东盟》北京,人民出版社,2006 年 12 月第 1 版第 80 页。

易保护主义的驱动下,处于工业化发展初期的印度尼西亚、泰国、菲律宾等东盟国家开始实行进口替代战略,偏向于进口替代型外国直接投资,实行高关税或非关税壁垒来保护国内市场[①]。

20 世纪 80 年代,日本对东盟 OFDI 中制造业比重逐渐提高。1989—1997 年间,制造业比重占 56.34%,主要分布在印度尼西亚、马来西亚、菲律宾、新加坡和泰国。而看日本制造业在各国的投资比重,则印度尼西亚为 26.9%、马来西亚为 19.2%、菲律宾为 9.03%、新加坡为 14.8%、泰国为 26.76%。日本对印度尼西亚采矿业部门投资比重为 21.77%;印度尼西亚采矿业占日本对东盟采矿业部门投资比重的 92%;日本对东盟采矿业投资占总投资额的 7.24%。这一时期,化工行业、电动设备行业所占比重较大,分别占总投资额的 11.12% 和 14.8%,分别占制造业部门的 19.8% 和 26.3%。

1998—2004 年间,日本对东盟直接投资总额为 21 824 亿日元。其中对制造业部门 13 054 亿日元,比重约占 50%,比 1989—1997 年有进一步提高,主要分布于马来西亚、菲律宾、新加坡和泰国,分别占 14.08%、22.1%、17.8%、37.39%。

1998—2004 年间与 1989—1997 年间相比,菲律宾、泰国所占东盟制造业部门 FDI 比重迅速增长;马来西亚则从 19.2% 下降到 14.08%,;新加坡由 14.8% 上升为 17.8%;而印度尼西亚则从 26.9% 快速下降到约 5%。1998—2004 年间,日

---

① 戴建伟(印尼),"东北亚对东南亚的直接投资",《南洋资料译丛》,2011 年第 2 期,第 10 页。

本对东盟采矿业直接投资比重从 1989—1997 年间的 7.24％ 下降为 2.1％。化工部门比重有所下降,占总投资额的 8.7％,占制造业的 14.5％;电动设备部门变化不大,占总投资额的 16.03％,占制造业比重的 26.8％;运输设备部门比重大幅提高,占总投资额的 9.6％,制造业的 16.05％;服务业比重从 6.4％ 下降到 1.3％。

从东盟中心提供的 2008—2010 年数据来看,日本对东盟制造业直接投资总额呈稳步上升态势,其比重从 1998—2004 年间的 59％,提高到 2008—2010 年间的 63％。就国别而言,泰国、新加坡制造业吸收的日本 FDI 比重最大,分别为 36％、23.4％。

日本对东盟的非制造业投资中,新加坡占了半壁江山(占 53％),其次是泰国、越南,比重分别为 10.9％、9.9％。金融保险业所占比重为 11％,比 1998—2004 年间的 8.7％ 有所提高。2008—2010 年间运输设备比重 14.4％,提高了 4.8％,并集中在泰国(占 64.8％)。与此相比,采矿业部门比重则进一步减少,仅占日本对东盟 FDI 总额的 2.1％。

从下页表 3－3 我们可以看出,日本对东盟直接投资在制造业和金融保险业上的集中度一直显著高于其他行业。供水污水处理、建筑业、交通运输和仓储、文体娱乐业以及"未指明的行业"在不同年份都有过同比投资缩减的情形。金融保险业在 2017 年发生的近 23.15 亿美元的减少幅度虽然引人注目,但对照制造业、批发零售车辆修理业、其他服务业年均 20％ 以上的增幅,或许可以理解为受世界金融市场收缩影响的偶发事件。"

表 3 - 3　近年日本对东盟直接投资行业分布表（金额：百万美元）

年　　份	2012	2013	2014	2015	2016	2017
农林渔牧业	77.63	50.05	72.97	50.02	11.51	29.18
采矿业	198.17	−291.95	637.57	514.49	615.22	648.92
制造业	2 570.49	12 604.47	6 564.23	7 284.04	5 207.87	6 120.35
电力、燃气、蒸汽和空调供应	29.39	217.89	13.11	181.23	60.97	951.09
供水、污水处理、废物管理和补救活动	−2.55	420.26	−17.19	−2.22	29.22	58.60
建筑业	−242.87	126.61	16.21	−134.46	−204.84	520.84
批发和零售业；修理汽车和摩托车	4 149.65	1 540.93	692.28	1 785.81	2 846.39	4 272.93
交通运输和仓储	−384.10	248.95	164.41	503.70	537.00	−546.95
住宿和餐饮业	18.85	29.25	22.95	57.66	55.50	108.42

（续表）

年　　　份	2012	2013	2014	2015	2016	2017
信息和通信	204.26	95.68	170.93	192.85	178.41	462.29
金融业和保险业	5 894.69	8 194.17	4 312.36	2 306.85	1 566.67	2 314.92
房地产业	390.82	355.59	448.55	118.12	487.93	871.83
科学研究、技术服务业	128.60	198.79	−44.80	−9.98	46.26	108.40
行政和支柱服务业	69.68	16.36	86.03	130.09	41.22	44.63
教育业	0.46	13.05	4.31	2.58	4.89	13.20
居民健康和社会活动	9.84	53.13	21.97	70.23	−252.45	102.71
文化、体育和娱乐业	25.85	10.95	−3.32	−3.78	22.70	27.16
其他服务业	961.24	562.25	−687.46	79.49	1 190.07	1 688.89
未指明的行业	−27.13	36.00	328.36	179.13	1 654.97	44.59
总计	14 609.29	24 744.72	13 013.97	13 314.34	14 099.53	13 212.16

数据来源：东盟中心。

2. 日本对东盟 OFDI 部门结构变化的原因分析

通过前述分析可以发现,日本对东盟直接投资部门的结构变化呈现出由低级向高级演化的态势非常明显。基本上可以80 年代中期为分界,前期日本对资源需求比较迫切,因此对印度尼西亚等资源大国投资比重较大,偏好对矿产资源、初级产品部门的投资。

20 世纪 80 年代之后,冷战结束改善了国际原材料市场的供应格局,巴西、澳大利亚、俄罗斯与日本的经贸关系更加密切,日本资源来源地呈现分散趋势,再加上技术进步的影响,令对东盟资源依赖型的投资开始下降。另一方面,随着日本国内为应对"平成不况"的产业结构所作出的努力逐渐见效,其升级副产品的"边际产业"(主要集中在制造业部门)迫切需要转移出去。而泰国因为具备制造业部门最为关注的廉价劳动力、技术熟练工等丰富要素,成为日本企业界优先考虑的投资对象,日本与泰国之间的投资关系也由此变得日益密切。

二、中国对东盟直接投资分析

(一)中国对东盟直接投资的起步

相比日本 50 年代就与东盟国家建交并开展投资活动,中国官方与东盟开展合作对话较迟,且历程曲折艰难。中国与东南亚国家的关系大致可以划分为几个阶段:① 1949—1955 年是中国与东南亚国家关系发展的奠基期,中国与越南(1950.1.8)、印度尼西亚(1950.4.13)、缅甸(1950.6.8)、柬埔寨(1958.7.19)、老挝(1961.4.25)建交,日内瓦会议和亚非万隆会议明确了中国与东南亚国家建交的基本原则。1955—1965 年印度尼西亚排华事件发生前,中国与东南亚国家关系总体上呈良好态势发展。
② 1965 年 10 月—70 年代初期是中国与东盟关系的低谷期,印度尼西亚局势巨变、中缅关系恶化。1972 年中美关系正常化至 1978 年越南出兵柬埔寨,中越关系破裂,中国与马来西亚、泰国、菲律宾关系好转,并先后建立外交关系。③ 1979 年—80 年代末,中国与马来西亚、泰国、菲律宾的关系在稳定中发展,与越南关系恶化并发生了对越自卫反击战,中老关系开始转冷。
④ 冷战后中国-东盟关系全面发展,这期间又可以分为 1990—1997 年东南亚金融危机爆发之前和 1997 年金融危机爆发后至今。1990 年中国开始从三个层次推进与东盟的关系:东盟整体、东盟各国和大湄公河次区域国家。1991 年中国与所有东盟国家建立或者恢复了外交关系(1990 年 8 月与印度尼西亚复交,1991 年 11 月中越关系正常化)。1992 年开始参与 GMS 合作。1997 年至今中国-东盟政治经济关系全面推进,双方经贸合作不断升温,虽然在领土问题、"中国威胁论"、华侨问题上存在影响双方关系的消极因素,但总体上双方经贸关系不断密切,并且已经建成了中国-东盟自由贸易区。

从中国与东盟关系的发展历程可看出,受到冷战与中国国内状况双重因素的影响,大体可将中国-东盟的经贸关系分为两个阶段:1997 年亚洲金融危机爆发之前与亚洲金融危机爆发之后至今。在第一个阶段虽然中国与东盟的政治关系由冰冷逐渐回暖,但是双方投资进程滞后,相互投资规模还相当小;1997 年后双方投资规模开始增加,1985—2001 年中国分别同东盟 10 个成员国签订了《鼓励和相互保护投资协定》,为双方大规模相互投资提供了制度保障,见表 3-4。

表 3-4　　　　　　　中国与东盟国家签订的投资保护协定

年 份	国 家	投 资 协 定
1985	中国-泰国	关于促进和保护投资协定
1985	中国-新加坡	关于促进和保护投资协定
1988	中国-马来西亚	关于相互鼓励和保护投资协定
1992	中国-菲律宾	关于相互鼓励和保护投资协定
1992	中国-越南	关于相互鼓励和保护投资协定
1993	中国-老挝	关于相互鼓励和保护投资协定
1994	中国-印度尼西亚	关于促进和保护投资协定
1996	中国-柬埔寨	关于促进和保护投资协定
2000	中国-文莱	关于鼓励和保护投资协定
2001	中国-缅甸	关于鼓励、促进和保护投资协定

资料来源：根据呼书秀.中国与东盟发展相互投资的法律机制研究[M].北京大学出版社 2005 年 10 月第一版.第 8 页整理而得。

由于 2000 年前中国对外直接投资政策基调是抑制式的,且在 2000 年提出"走出去"战略后的第三年才建立了对外直接投资统计制度,导致我们无法根据官方统计数据来判断 2002 年之前中国对外直接投资的实情。

(二) 中国对东盟直接投资的规模变化

1. 中国对东盟 OFDI 规模及国别分布

从 2005—2016 年的数据来看,中国对东盟直接投资规模有了较大幅度增长。2005 年中国对东盟直接投资流量为 1.58 亿美元,而到了 2016 年中国对东盟直接投资流量激增至 102.79 亿美元。同时,在中国对世界各地的投资中,除香港地区外,东盟

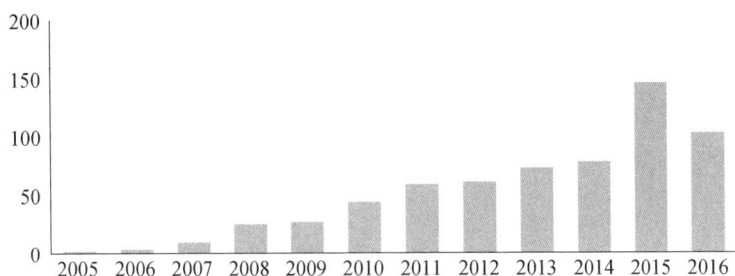

图 3‑2 中国对东盟直接投资流量数据（单位：亿美元）

数据来源：《中国对外直接投资统计公报》。

是中国对外直接投资发展速度最快，投资规模排名前列的热点地区。

从中国对东盟的投资的国别分布来看，中国的投资布局从2003年到2016年发生了较大的改变。2003年，中国主要投向泰国、印度尼西亚、柬埔寨以及越南，其投资占比分别为48.03%，22.46%，18.4%以及10.69%。2016年，中国主要投向越南、新加坡、印度尼西亚以及马来西亚，其投资占比分别为18.22%、16.53%、16.07%以及15.87%。从图3‑3可以看出，前期中国

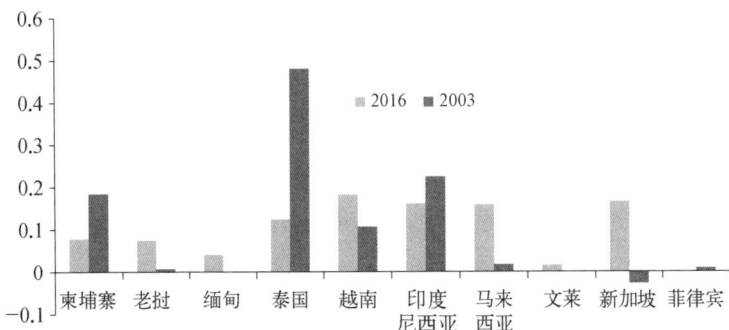

图 3‑3 2003年、2016年中国对东盟各国投资流量占比

数据来源：由《中国对外直接投资统计公报》数据整理而得。

的投资相对集中,后期中国对东盟十国的投资则较分散。

从投资流量上看,中国对新加坡投资由 2015 年 104.52 亿美元下降到 2016 年 14.61 亿美元,下降幅度达 86.03%;对印度尼西亚投资由 2015 年 14.5 亿美元下降到 2016 年 14.2 亿美元,降幅达 2.07%;对文莱、马来西亚和越南的投资涨幅最明显;2015—2016 年,中国对文莱投资额增长 32.22 倍,对马来西亚投资增长 1.86 倍,对越南投资增长 1.87 倍。

从投资存量上看,2016 年中国对东盟 OFDI 存量为近715.54 亿美元,其中新加坡投资存量为 3 334.45 亿美元,占46.7%;缅甸投资存量为 46.2 亿美元,占 6.33%;泰国投资存量为 45.33 亿美元,占 6.33%;柬埔寨投资存量为 43.68 亿美元,占6.1%;老挝投资存量为 55 亿美元,占 7.6%;越南投资存量为49.83 亿美元,占 6.96%;印度尼西亚投资存量为 95.45 亿美元,占 13.34%;马来西亚投资存量为 36.33 亿美元,占 5.07%;菲律宾投资存量为 7.18 亿美元,占 1%。

新加坡因其优良的基础设施、公开透明的法律制度以及中国与新加坡良好的经贸关系,致使其一直是中国对东盟国家中投资额最多的国家,2005 年至 2016 年间长期稳居第一。缅甸、印度尼西亚在中国对东盟国家中的投资地位也有较大提高;而泰国、马来西亚的位次有一定幅度的下降;而柬埔寨、老挝、文莱和菲律宾的位次基本没有太大变化①。

2. 中国对东盟 OFDI 国别分布现状的原因分析

根据直接投资的区位理论,当前中国对东盟投资国别分布

---

① 参照历年《中国对外直接投资统计公报》数据。

的原因应该从以下几个方面考虑：① 社会政治稳定性；② 宏观经济形势；③ 双边经贸合作状况；④ 法律保障和法律透明度、政府行政效率；⑤ 金融市场发育程度；⑥ 劳动力市场状况（如劳动力成本、劳动力受教育情况等）。

例如新加坡成为中国对东盟投资中规模最大的国家，与以下因素密切有关：稳定的政治环境，良好的经商氛围，简化、透明的公司设立程序；完善的基础设施，高效的集装箱码头效率；较多的自由贸易协议、投资保障协议；重要的区域金融中心、完善的金融服务；优良的劳动力队伍及专业人才；深厚的文化渊源[①]。此外，良好的政治关系也对中国对东盟国家投资选择产生重要影响，特别是国有企业在基础设施、资源开采投资方面最为明显。如中国在缅甸、柬埔寨的水利、铁路公路和矿产资源的投资。泰国劳动力资源对中国企业也有明显的吸引力，泰国目前的劳动力成本对比中国沿海地区具有较大的比较优势，对于广东、浙江一带的劳动力密集型企业更具有较强的吸引力。

（三）中国对东盟直接投资的部门结构

1. 中国对东盟 OFDI 的部门结构

从中国对东盟直接投资的部门结构来看，行业结构年度数据虽存在较大幅度波动，但投资的主要部门变化波动较小（参见表 3-5）。

---

① 参见中国-东盟中心网站 http：//www.asean-china-center.org/2012-05/12/c_131583005.htm.

表 3–5　　　　中国对东盟直接投资行业分布流量表
（金额：万美元；比重：%）

行　业	2015 年			2016 年		
	流量	排次	比重	流量	排次	比重
电力、燃气及水行业	31 080	8	2.1	66 424	5	6.5
批发零售业	174 324	3	11.9	196 304	2	19.1
制造业	263 944	2	18.1	354 370	1	34.5
租赁和商务服务业	667 384	1	45.7	137 106	3	13.3
采矿业	3 895		0.3	24 119	9	2.3
建筑业	57 327	6	3.9	63 487	6	6.2
交通运输、仓储和邮政业	6 092		0.4	−67 010		−6.5
金融业	91 178	4	6.2	45 400	7	4.4
农林渔牧业	50 432	7	3.5	37 370	8	3.6
科学研究、技术服务业	8 479	10	0.6	7 364		0.7
房地产业	17 583	9	1.2	124 590	4	12.1
信息传输、软件和信息服务业	6 347		0.4	19 125	10	1.9
居民服务、修理和其他服务业	3 922		0.3	15 515		1.5
住宿和餐饮业	1 319		0.1	1 759		0.2
水利、环境和公共设施管理业	77 804	5	5.3	−1 877		−0.2
文化、体育和娱乐业	1 765		0.1	3 149		0.3
教育	−2 444		−0.2	581		0.1
其他			0	92		0.0

数据来源：根据 2015 年、2016 年《中国对外直接投资统计公报》整理而得。

可见，制造业、租赁和商务服务业、批发零售业以及建筑业、农林渔牧业在部门结构中较为稳定，而其中制造业在部门结构中占有重要地位的事实表明中国对东盟的直接投资与相互间产业内贸易密切相关。

2. 中国对东盟 OFDI 部门结构变化的原因分析

我们认为形成当前中国对东盟 OFDI 部门结构的原因主要有以下几个：① 中国经济快速发展导致对资源的需求迅速增加；② 中国产业结构对东盟的比较优势；③ 中国对外投资尚处于初级阶段，未形成规模经济效应。

中国改革开放以来经济快速发展的同时，对资源的依赖也日益增强。同时技术没有很大程度的提高导致粗放型生产现象明显，经济的高投入发展模式在国内资源吃紧的情况下产生了对外部资源投资的动力。

中国产业结构对东盟一些国家的比较优势也是中国对东盟直接投资的一个原因。一般认为，中国产业结构调整比东盟"快半拍"，随着中国产业的更新换代以及人口红利的逐渐消失，中国沿海部分劳动力密集型产业转移到越南、缅甸等更具劳动力成本优势国家。

第二节　中日对东盟直接投资经济效应对比分析

一、对外直接投资经济效应的传导途径

当前研究 FDI 的经济效应主要集中在以下几个方面：经济

增长效应、东道国资本形成效应、产业结构优化效应、技术溢出效应、贸易效应、就业效应等。

（一）经济增长效应

目前关于直接投资与经济增长关系的理论主要有新古典理论和内生经济增长理论。新古典增长理论关于国际直接投资对经济增长影响的机理是：首先，国际直接投资作为资本形成的一种来源，可以直接通过投资乘数作用促进经济增长。直接投资作为总投资的一部分增加了东道国的投资总额，而总投资的增加可以对经济增长起到立竿见影的效果，从而扩大了对经济增长的影响。其次，国际直接投资通过间接方式推动经济增长。FDI 可以与就业市场、私人消费和储蓄、国际贸易等宏观经济因子相互作用，改变经济系统的运行参数来促进经济的增长。此外，FDI 不仅具有投资总量效应，还具有投资质量效应，通过改善投资质量也促进产出增加。

内生经济增长理论则以投资的外部性来阐述 FDI 对经济增长的作用机制。东道国企业在东道国引进国际资本的过程中可以通过多种渠道获益，比如跨国公司往往会为其当地供应商或者客户提供技术、人力资源等方面的支持，而随着劳动力的流动，这些技能很可能流入本土企业，从而使得东道国企业受益。另外，由于竞争机制的引入，跨国公司的竞争压力促使东道国企业提高管理水平、积极运用新技术、提高服务质量，从而确保企业更加有效率、公司治理结构更加合理。跨国公司还可以通过与东道国企业合作，将本企业的国际商务网络与东道国企业相连接，从而使东道国企业更容易参与国际市场竞争。比如通过转包合同的合作形式,就可以使本国企业趁机进入国际市场,分享经济全球化带来的利益。

(二) 东道国资本形成效应

国际资本的流入直接增加了东道国的资本形成总额。从东道国的角度来看,特别是对于发展中国家,国际资本的流入增加了其可转化为产业投资的储蓄额,能够弥补现实存在的储蓄缺口。这些国际资本能够快速形成生产力,对东道国的资本形成和经济增长作出直接贡献。同时,以外汇形式流入东道国的国际资本还能够改善发展中国家外汇短缺的困境,弥补国际收支中资本账户的差额,改善国际收支状况。巨额国际直接投资的流入弥补了发展中国家在经济发展过程中所产生的储蓄缺口与外汇缺口,直接促进东道国国内投资计划,尤其是私人投资项目的实施。国际直接投资对东道国的资本形成这个正面影响,在其进入东道国市场的初期是比较显著的。因此,要实证分析直接投资对东道国资本形成效应,可以从影响储蓄-投资机制以及国际收支账户特别是资本账户的经济变量出发加以分析。

(三) 产业结构优化效应

一般认为,国际直接投资的引入不仅有利于优化东道国尤其是发展中国家的产业布局,而且有助于实现产业结构的合理化和高级化。通常国际直接投资的产业结构效应是基于非均衡模型进行理论分析的。该理论主要强调非均衡对产业结构优化的作用,即经济增长不仅在于增加经济总量,还能够引导资本流向生产效率更高的部门,从而实现资源结构优化,同时可以通过产业关联效应进一步推动资源合理再分配。

产业结构优化过程分为两个效应：结构弹性效应和结构成长效应。结构弹性效应主要是从供给和需求的角度分析直接投资引发的产业结构改变过程。结构成长效应主要是因直接投资引起产业关联效应，从而促进新兴产业成长的过程。因此要实证分析直接投资的产业结构效应可以从影响供给和需求以及影响产业关联效应的经济变量出发加以分析。

(四) 贸易效应

对外直接投资与国际贸易之间的实证关系比较复杂，研究发现 OFDI 的贸易效应中替代效应和互补效应同时存在，最终效应如何要看这两股力量的对比关系，因此，大多数时候其贸易效应是一种实证的结果。

蒙代尔（Mundell，1957）讨论了国际贸易与直接投资的替代关系，提出了贸易与直接投资的替代模型，即因为存在国际贸易壁垒，跨国公司将沿着对外贸易的轨迹实施对外直接投资，从而跨国企业能够在相对最佳的效率或最低的生产要素转换成本基础上，完全替代该产品的对外贸易。根据小岛清的边际产业扩张论，FDI 对国际贸易的效应是替代还是创造性的，很大程度上取决于理论假设和实证分析。联合国贸发会议在 1999 年的《世界投资报告》中指出，总体上国际直接投资对国际贸易起到了促进作用。

对外直接投资对东道国国际贸易的积极效应可以划分为直接效应和间接效应。其中，直接效应表现为外商直接投资企业通过直接出口贸易途径对东道国的贸易额产生贡献；间接效应则表现为外商直接投资企业的市场进入,会对东道国本土企业增加出口贸易作出贡献。

(五) 就业效应

外商直接投资对东道国就业市场的影响,可以分为就业数量和就业质量两个方面。

对东道国就业数量影响。从直接效应来看,跨国公司在东道国设立工厂并且雇佣当地劳动力,直接为东道国提供了就业机会。但间接效应比直接效应影响更为深刻,东道国可以通过外商直接投资企业的经营活动,建立与外国政府、金融机构及国际市场的联系。一方面可以获取本国所需要的新资源,另一方面又可以带动国内出口贸易,并通过产业关联效应推动相关产业就业数量的增加。

对东道国就业质量影响。一方面,外商直接投资企业中有不少高科技企业,通常具有较高的工资水平和良好的工作环境,从而使得发展中国家具有较高素质的劳动者能顺利获得工作机会,避免"知识失业";另一方面,通过跨国公司的培训和职业教育,能进一步提高这些在跨国公司就职的东道国人才的技能。

二、数据的选取和模型的说明

宏观经济学理论表明,一国国内生产总值的来源主要有四项:居民消费(C)、政府支出(G)、私人投资(I)和货物和服务进出口总额(XM)。本章节将 I 分为中国的直接投资额(FDIC)、日本的直接投资额(FDIJ)以及其余投资额(I^O)。影响贸易额的指标选为汇率水平(ER)、GDP 和 FDI 等。东道国就业水平(用就业数量 L 表示)的影响因素待定为 GDP、经济结构 S、国内总储蓄(DS)、资本形成总额(CF)。

除了各国就业数量的数据来自亚洲开发银行外,本节数据均来自世界银行数据库。但由于新加坡数据 1993—1994 年、1996—1999 年、2001—2005 年的就业数量的数据在亚洲开发银行上有缺失,因此我们根据世界银行的相关就业情况数据进行了弥补。

第二步,计算多元线性回归模型,先简要介绍该模型。

多元线性回归模型的一般形式为:

$$Y_i = \beta_0 + \beta_1 X_{1i} + \beta_2 X_{2i} + \cdots + \beta_k X_{ki} + \mu_i$$
$$i = 1, 2, 3, \cdots, n \qquad (3-1)$$

其中 k 为解释变量的数目,$\beta_j (j = 1, 2, \cdots, k)$ 为回归系数,μ_i 为残差项。多元线性回归是以多个解释变量的固定值为条件的回归分析,β_j 也被称为偏回归系数,是因为它表示的是在其他解释变量保持不变的情况下,X_j 每变化一个单位时 Y 的均值的变化量。

若采用 n 年的样本量进行回归,则(3-1)可以写成矩阵形式(3-2)。

$$Y = X\beta + \mu \qquad (3-2)$$

其中

$$Y = \begin{bmatrix} y_1 \\ y_2 \\ \vdots \\ y_n \end{bmatrix}, \ X = \begin{bmatrix} 1 & X_{11} & \cdots & X_{k1} \\ 1 & X_{12} & \cdots & X_{k2} \\ \vdots & \vdots & \cdots & \vdots \\ 1 & X_{1n} & \cdots & X_{kn} \end{bmatrix}, \ \beta = \begin{bmatrix} \beta_0 \\ \beta_1 \\ \vdots \\ \beta_k \end{bmatrix}, \ \mu = \begin{bmatrix} \mu_1 \\ \mu_2 \\ \vdots \\ \mu_k \end{bmatrix}$$

样本回归函数可以表示成

$$\hat{Y}_i = \hat{\beta}_0 + \hat{\beta}_1 X_{1i} + \hat{\beta}_2 X_{2i} + \cdots + \hat{\beta}_{ki} X_{ki} \qquad (3-3)$$

并且多元线性回归模型应该满足一些基本假设：

假设1：解释变量 X_1、$X_2 \cdots X_k$ 是非随机变量，且相互之间互不相关（即无多重共线性）

假设2：随机干扰项零均值，同方差及序列不相关性，即：

$$E(\mu_i) = 0$$
$$\mathrm{Var}(\mu_i) = E(\mu_i^2) = \sigma^2$$
$$\mathrm{Cov}(\mu_i, \mu_j) = E(\mu_i, \mu_j) = 0$$
$$其中，i, j = 1, 2, \cdots, n, 且 i \neq j \qquad (3-4)$$

假设3：解释变量与随机干扰项独立，即

$$\mathrm{Cov}(X_{ji}, \mu_i) = 0, 其中，i, j = 1, 2, \cdots, n, 且 i \neq j$$
$$(3-5)$$

假设4：随机干扰项为正态分布

$$\mu_i \sim N(0, \sigma^2) \qquad (3-6)$$

假设5：样本量 $n \to \infty$ 时，各解释变量的方差趋于有界常数。

假设6：回归模型是正确的。

三、经济增长效应实证分析

经过模型多次测试，我们最终选择了影响 GDP 的主要因子：居民消费支出 C、中国对东盟直接投资流量 FDIC、日本对东盟直接投资流量 FDIJ、国内总储蓄 GS、货物与服务进出口总额 XM。由于缺少文莱、缅甸和老挝一些年份的数据,本节数据都采用其他七国数据。

假设影响东盟 7 国 GDP 的回归函数为:

$GDP_i = \beta_0 + \beta_1 FDIC_i + \beta_2 FDIJ_i + \beta_3 GS_i + \beta_4 COU_i + \beta_5 XM_i$,其中 i 为相对应的年份。

首先需要采用 Hausman 检验法判断回归模型的具体形式,是采用随机效应模型还是固定效应模型。Hausman 检验的统计值拒绝了随机效应模型的零假设,所以本文采用固定效应模型进行最小二乘法估计。

表 3-6 面板数据回归结果

变 量	C	FDIC	FDIJ	GS	COU	XM
系数	−15.403	0.018 3	−0.011	0.946	1.057	0.002
t 统计量	−1.681	2.126	−2.365	32.510	80.024	0.578
P 值	0.095	0.035	0.019	0.000	0.000	0.564
R^2	0.999 4		AdR^2	0.9992	F 统计量	1363.831

从表 3-6 可以看出,回归模型的可决系数达到了 0.999 4,调整后的可决系数也达到了 0.999 2,模型的拟合优度很高,这表明消费支出、外商直接投资、国内总储蓄和货物服务进出口总额能够解释影响东盟经济增长因素的 99.92%。再看回归结果的 F 检验,F 值为 1 363.831,其对应的 P 值远远小于 0.05 的显著水平,表明回归方程是显著的。因此初步判断该方程成立。

既如此,则居民消费支出 C 的回归系数为 1.057,t 统计量为 80.024，p 值为 0，小于临界值 0.05，表明该系数显著；中国对东盟的直接投资 FDIC 的回归系数为 0.018 3，t 统计量为 2.126，p 值为 0.035，小于临界值 0.05，表明该系数显著；国内总储蓄 GS 的回归系数为 0.946，t 统计量为 32.510，p 值为 0，小于临界值 0.05，表明该系数显著；货物与服务进出口总额的回归系数为 0.002，t 统计量为 0.578，p 值为 0.564，大于临界值 0.05，表明该系数在 95% 的置信区间内，能够接受原假设。

以上分析表明，方程和回归系数几乎都是显著的，模型能很好解释影响东盟经济增长的关键因素。模型可以写成：

$$GDP_i = -15.403 + 0.018\,3\,FDIC_i - 0.011\,FDIJ_i \\ + 0.946\,GS_i + 1.057\,COU_i + 0.002\,XM_i \quad (3-7)$$

由式（3-7）可以看出，中国对东盟的投资流量在一定程度上可促进东盟的经济增长，即中国对东盟直接投资增加一个单位，则东盟的 GDP 增加 0.018 3 个单位；日本对东盟的投资流量在一定程度上抑制了东盟的经济增长，即日本对东盟直接投资增加一个单位，则东盟的 GDP 减少 0.011 个单位。通过上述分析可知，在同样的条件下，中国对东盟的投资对东盟的经济的贡献可能大于日本外商直接投资对东盟的经济贡献。

四、贸易效应实证分析

根据我们测试的结果，影响东盟货物与服务进出口总额的主要因素是东盟的 GDP 规模和外商直接投资规模。

假设影响东盟 7 国进出口规模 XM 的回归函数为：

$$XM_i = \beta_0 + \beta_1 FDIC_i + \beta_2 FDIJ_i + \beta_3 GS_i + \beta_4 COU_i，其$$
中 i 为相对应的年份。

经过 Eviews7.0 软件进行面板数据回归,得到如下结果。

表 3-7 面板数据回归结果

变 量	C	FDIC	FDIJ	GS	COU
系数	1 214.181	1.097	0.212	4.022	−1.515
t 统计量	8.714	6.963	2.241	8.029	−6.639
P 值	0.000	0.000	0.027	0.000	0.000
R^2	0.759	AdR^2	0.752	F 统计量	105.823

从表 3-7 可以看出,回归模型的可决系数达到 0.759,调整后的可决系数也达到了 0.752,这表明消费支出、外商直接投资、国内总储蓄和货物服务进出口总额能够解释影响东盟贸易规模的 75.2%。再看回归分析中的 F 检验,F 值为 105.823,其对应的 P 值远远小于 0.05 的显著水平,表明回归方程是显著的。中国对东盟直接投资 FDIC 的回归系数为 1.097,t 统计量为 6.963,p 值为 0,小于临界值 0.05,该系数显著。日本对东盟直接投资 FDIJ 的回归系数为 0.212,t 统计量为 2.241,p 值为 0.027,小于临界值 0.05,该系数显著。国内总储蓄 GS 的回归系数为 4.022,t 统计量为 8.029,p 值为 0,小于临界值 0.05,该系数显著。居民消费支出 COU 的回归系数为 −1.515,t 统计量为 −6.639,p 值为 0,小于临界值 0.05,该系数显著。

以上分析表明,方程和回归系数都是显著的,模型能很好解释影响东盟经济增长的关键因素。模型可以写成:

$$XM_i = 1214.181 + 1.097\,FDIC_i + 0.212\,FDIJ_i$$
$$+ 4.022\,GS_i - 1.515\,COU_i \qquad (3-8)$$

由式(3-8)可以看出,中国和日本对东盟的投资流量在一定程度上可促进东盟的贸易进出口总额。这说明在其他变量取值一定的情况下,中国对东盟投资增加 1 个单位,则东盟贸易进出口增加 1.097 个单位;同理,日本对东盟投资增加一个单位,东盟贸易进出口总额则增加 0.212 个单位。且通过两者之间的对比可以看出,中国投资对东盟贸易进出口的贡献要大于日本投资对东盟进出口所做出的贡献。居民消费支出越大,说明消费者的购买能力越高,对商品的需求也会更加多元化,会在一定程度上促进本国的商品或服务的进口。国内储蓄越多,在一定程度上说明本国居民具有较高的消费潜力。因此,国内总储蓄对本国的进出口具有一定的促进作用。

五、就业效应实证分析

一般而言,一个地区就业率背后的就业人数与该地区产业结构、年度消费总支出、基本建设投资规模等经济发展的基本数据密切相关。但为使基于国际贸易视角的实证分析更加科学可靠,我们将影响就业人数的主要影响因素提取为进出口贸易总额(XM)、GDP 和 FDI 流量(FDIC、FDIJ)。

假设影响东盟 7 国就业数量 L 的回归函数为:

$$L_i = \beta_0 + \beta_1\,FDIC_i + \beta_2\,FDIJ_i + \beta_3\,XM_i + \beta_4 GDP_i,$$
$$\text{其中 } i \text{ 为相对应的年份}$$

表 3 - 8　　　　　　　　　　　　面板数据固定效应回归

变量	C	FDIC	FDIJ	XM	GDP
系数	194.426	0.072	−0.038	−0.079	0.191
t 统计量	6.975	2.355	−2.281	−6.804	14.101
P 值	0.000	0.020	0.024	0.000	0.000
R^2	0.707	AdR^2	0.649	F 统计量	12.084

从表 3 - 8 可以看出，GDP 的回归系数为 0.191，t 统计量为 14.101，p 值 0 小于临界值 0.05，表明该系数显著；中国对东盟的投资的回归系数为 0.072，t 统计量为 2.355，p 值为 0.020，小于临界值 0.05，表明该系数显著。日本对东盟的投资的回归系数为 −0.038，t 统计量为 −2.281，p 值为 0.024，小于临界值 0.05，表明该系数显著。

当回归模型的可决系数达到了 0.707 时，调整后的可决系数也达到了 0.649。这说明中国对东盟投资、日本对东盟投资、东盟进出口以及经济水平四个因素能够解释影响就业数量因素的 64.9%。我们再来看方差分析中的 F 检验，F 值为 12.084，其对应的 P 值 0 远小于 0.05 的显著水平，回归方程得以验证无误。

以上分析表明，方程和回归系数都是显著的，模型能很好解释影响东盟经济增长的关键因素。模型可以写成：

$$L_i = 194.426 + 0.072\ FDIC_i - 0.038\ FDIJ_i$$
$$- 0.079\ XM_i + 0.191 GDP_i \qquad (3 - 9)$$

由式(3 - 9)可以看出，中国对东盟的投资流量在一定程度上可促进东盟的就业,日本对东盟的投资流量在一定程度上抑制了东盟的就业。这说明在其他变量取值一定的情况下,中国对东盟投资增加 1 个单位,则东盟就业人数增加 0.072 个单位;同理,日本对东盟投资增加一个单位,东盟就业人数则减少 0.038 个单位。东盟的 GDP 越高,即意味着东盟的经济发展水平在不断提高,也间接说明东盟国内需要更多的就业人员。

从上面的实证分析来看,以下结论可以成立:

一是中国对东盟的直接投资整体上是对东盟有利的,促进了东盟的经济发展。如中国对东盟的投资有利于促进东盟的出口贸易,改善东盟的国际收支状况,对东南亚金融危机前后出口-进口关系发生逆转有一定帮助。二是中国对东盟直接投资的经济贡献整体上大于日本的贡献。三是从模型过程分析,随着中国对东盟投资力度的加大,中国在东盟竞争力逐渐形成,从而将产生规模效应并反过来促进中国在东盟的进一步投资。

第三节　中日对东盟直接投资的差异性

在前两节的分析可以证明,中日对东盟直接投资在各自的发展路径、投资规模、行业结构以及经济效应等方面,其差异性均很明显。

具体而言,日本对东盟投资起步早、存量大、质量高;而中国对东盟投资则起步晚、起点高、增速快,但市场风险控制难度亦有日渐加大之忧;中日两国在对东盟直接投资的国别分布上虽各有侧重,但同样呈向弱势区域扩散之势。

一、日本投资起步早,中国投资起点高。

从直接投资的历史渊源上看,日本对东盟直接投资的起步时间要远远早于中国对东盟直接投资。日本在 20 世纪 50 年代就采用政府推动与民间主导紧密结合的模式,推动日本企业打入东南亚市场,通过长期精心经营,在东盟直接投资市场上长期占据了较大份额并具有了规模经济优势,其市场地位中国一时还难以撼动。但中国具有广泛分布于东南亚地区的华侨优势,他们在民间经济交流方面长期发挥着纽带作用。借此渠道,中国自 20 世纪 80 年代中期始对东盟加大投资规模。随着近十几年中国与东盟政治、经贸及文化关系的日趋深入,中国企业势力向东盟投资的规模已经非常可观。

二、日本投资存量大,中国投资增速快。

从直接投资规模上看,日本长期占据东盟直接投资市场的主要份额。日本作为老牌的海外投资大国,东盟市场一直是其获取重要工业原料、转移国内落后产能的主要目的地之一。东盟具备日本发展经济所需要的丰富原料、廉价的劳动力资源,并且其扼守途经中东产油地区的交通咽喉。可以预见,日本绝不会在与中国争夺东盟市场中轻言放弃。中国近几年来对东盟直接投资额呈快速上升趋势,2009 年一度超过日本对东盟的投资市场份额,但是投资规模还不大稳定,与日本相比弱势明显。在未来较长时期内,中国、日本、美国和欧盟多强角逐东盟直接投资市场的局面将不会改变。

三、日本投资质量高,中国投资结构差。

从直接投资行业结构来看,日本对东盟直接投资以制造业为主,并且投资结构具有相对稳定性。中国对东盟直接投资行业结构稳定性相对较差,制造业所占份额较低。日本对东盟制造业的直接投资规模达到总投资额的半数以上,并呈现缓慢递增趋势,这与日本高度发达的制造业有关。随着国内劳动力成本上涨以及产业结构升级换代的需要,日本迫切需要将一些落后制造业转移到与日本产业结构存在阶段性差异的东盟。从中日对东盟产业转移的角度来看,如果说日本比东盟的产业结构快一个节拍,则中国比东盟的产业结构快了半个节拍,而日本对东盟的投资结构又落后发达国家之间的直接投资结构 15—20 年。

中国与东盟经济结构差异没有日本与东盟之间的差异明显,经济结构替代性较强,更多体现为竞争关系,表现在部门结构上为制造业转移迹象尚不明显。同时中国对东盟矿业投资规模较大并且比较稳定,这跟中国日渐趋紧的资源供应形势有关,中国正通过直接投资方式扩大资源渠道来源,具有地缘成本优势的东盟理所当然地进入中国的选择视野。但是值得一提的是,在各国将本国战略性自然资源视为本国重要经济安全因素的今天,无序地,甚至是掠夺性地开采自然资源,将会面临越来越多的、来自东道国政府的强烈抵制。尤其是中国一些国有企业参与的部分资源开发投资,更容易引起一些东道国的敌意。

因此,结构性缺陷所造成的被动,加上自身力量较弱又缺乏严格的项目风险评估以及市场调查的良好商业传统,中国在东盟直接投资项目往往潜藏着较大的市场风险。

四、中日投资国别互有交差，中国投资对东盟贡献高于日本。

从投资对象的国别区域来看，日本以印度尼西亚、菲律宾、马来西亚、新加坡、泰国和越南为主，中国以柬埔寨、缅甸、印度尼西亚、泰国、老挝和新加坡为主。这样的分布格局与双方长期形成的政经关系的密切程度相关。印度尼西亚、菲律宾、马来西亚一直以来都是日本在东盟的投资主要目的地，新加坡、泰国和越南是近十年来日本投资规模发展最为迅速的国家，同时日本对外直接投资也不断向缅甸、老挝扩展。柬埔寨、泰国、印度尼西亚和新加坡都是中国在东盟市场的传统投资对象，而缅甸和老挝是近年来中国投资发展最为迅速的国家，同时中国在菲律宾和马来西亚也不断扩展投资领域。

从直接投资引发的经济效应来看，在经济增长效应、贸易效应和就业效应方面，中国对东盟的贡献都要领先于日本。考虑到前文所用的实证分析模型并非仅使用某一年的指标进行分析，而是对历史数据进行了综合探讨，中国近年来在投资规模上大有追赶日本之势，目前在东盟地区的投资效应已大于日本。出现这种情况可能是由于中国和日本在东盟直接投资的行业差异所引起的。中国对东盟直接投资主要集中在基础设施建设上，包括交通运输、通信服务以及电力、燃气、热力等能源的供应上，这些产业对东盟经济的发展有着至关重要的影响，是东盟经济效率得以提高的基础，它既能有效带动相关产业的发展又能改善东盟国家的民生和福利现状，因此从长期来看中国对东盟经济有正向的溢出效应。

FDI 给东盟带来的巨大现实利益只要分配得当,无疑会刺激东盟更加积极地吸引来自中国的投资,中国"一带一路"倡仪在东盟方向的实施或将愈加顺利。

第四章
中日对东盟产业转移的贸易效应

　　进入 21 世纪后,经济全球化的脚步日趋加快,以服务业和研发部门为代表的更多技术密集型产业也逐渐成为国际产业转移的主角。根据中国商务部的统计,在 2016 年度,中国境内投资者的投资范围遍布全球 190 个国家和地区,非金融类累计直接投资达1 812.3亿美元之多,同比增长 49.3％。其中,2015 年中国企业对东盟的直接投资快速增长,流量首次突破百亿美元达到 146.04 亿美元,同比增长 87％,创历史性最高值。2016 年中国对东盟的投资流量虽然有所下降,但仍保持在百亿美元之上,为 102.79 亿美元①。在 2010 年 1 月 1 日生效的中国-东盟自由贸易区的框架下,中国在东盟逐渐增大的直接投资规模所带来的双边贸易繁荣显而易见,随之而来的产业转移及其金融服务、贸易效应更加值得关注。

　　本章以中国和日本对东盟产业转移及贸易效应对比分析为主题,主要有两方面意义:一是中国与东盟长期以来有着良好

---

① 　http://www.sohu.com/a/125709050_509991.

的国家关系和民间基础,研究中国对东盟产业转移的贸易效应也是对中国政府提出的"走出去"战略、实施"一带一路"倡议的一种学术响应,意在为深化中国-东盟之间的贸易联系,探索加强中国-东盟双边合作的有效途径提供一定的理论支持。

其二,日本是早期对外产业转移比较成功的国家之一,它很好地利用了20世纪的4次产业转移浪潮,把国内已经处于或即将处于相对劣势的产业依次转移到了发展中国家,而在国内则集中力量发展原材料需求少、附加价值高的技术密集型产业。研究其对东盟产业转移状况,并将之与中国进行比较分析,可以给中国带来一些有益的理论启示和实践借鉴。

第一节　中日对东盟产业转移
现状对比分析

为了对中日向东盟产业转移的对象区域有个比较清晰的认识,这里先按照产业转移层次将东盟成员国经济发展水平状况从高到低划分为四个层次:

第一层次:新加坡和文莱。新加坡国内自然资源贫乏,却是个资金、技术密集型的城市国家,近年来大力发展电子商务、信息产业,制造业中以炼油、电子产业为主。文莱是世界上最富有的国家之一,2016年人均GDP为26 939美元,位居世界第26,国内以原油和天然气生产为支柱产业,由于文莱与中国的贸易交往较少,所以在下文分析时暂不考虑文莱这一国家。

第二层次:马来西亚。随着经济的发展,国内劳动力成本上升，马来西亚的产业从原来主要的劳动密集型产业慢慢过渡到资本技术密集型产业。

第三层次：泰国、印度尼西亚和菲律宾。这三个国家最显著的特点都是大力发展劳动密集型产业，国内自然资源比较丰富，劳动力成本比较廉价。

第四层次：越南、缅甸、老挝和柬埔寨，这些国家经济比较落后，工业仍处于初级水平，但农业发展条件好，资源开发型产业占主导地位。

一、中日对东盟产业转移的动因分析

不同类型、不同行业的产业转移对产业外移国的贸易活动会产生不同的影响。因此，有必要对中国向东盟产业转移的动因进行考察，分析其对中国的贸易效应。中国对东盟产业转移起步晚、规模小，可以从经济发展的内生需求归纳出以下几种比较明显的动因：

（一）区域经济一体化的需要

随着经济全球化和区域经济一体化程度的加深，一个国家只有积极加入世界经济组织并设法充分利用其协调机制，才能最大程度实现本国利益的最大化。而对于中国和东盟而言，大湄公河次区域经济合作机制和中国-东盟自由贸易区的建立，则为中国向东盟进行产业转移提供了良好的机遇。

（二）寻求和扩大国外市场的需要

一国发生国际产业转移的基本和普遍动因是，本国的企业寻求和占有更广阔的国外市场而进行跨国投资。对国外市场的寻求不仅包括寻找新的市场，还包括避开某种进入限制，达到进入进口国市场的目的而在第三国投资。

东盟国家中，新四国（老挝、缅甸、柬埔寨和越南）属于落后国家，这些国家在欧美发达国家享受特殊的出口政策。中国通过对这些国家的产业转移，可以利用其区位优势来获取更好的出口条件。例如，老挝的纺织品出口到欧美和南亚市场时，可以享受零关税或者低关税，并且无配额限制①。

（三）寻求国外资源的需要

资源寻求型产业转移，即通过国际产业转移在东道国获取各种经营资源，这种资源主要分为两种类型：国外的自然资源和国外的人力资源。

从中可以看出，资源寻求型的产业转移其中一个动因是获取国外的自然资源，如价格低廉、质量优良、供应稳定的原材料，以维持本国经济的稳定发展。另一个动因即获取国外的人力资源，发展中国家利用外资、引进技术，通常得到的都是发达国家已经过时的技术，却难以得到发达国家最先进的技术。如果采用产业转移的方式，在发达国家兼并先进企业或与先进企业合资设立研发机构，就可以利用发达国家的技术人员、先进理念和先进设备进行研究开发，提高国内企业的技术水平和竞争力。

---

① 江莹凤.中国对东盟直接投资研究[D].广西：广西大学,2007.

（四）促进国内产业结构优化的需要

根据小岛清的边际产业扩张理论，产业转移对产业移出国的产业结构调整会产生积极的影响，产业转移的目的在于国内集中发展比较优势产业，使国内产业结构更趋合理。例如日本，在20世纪60年代开始把国内的"夕阳产业"，即劳动密集型产业向东南亚落后地区转移，从而为国内更高档次产业的发展留出空间。

随着中国劳动力成本上升、原材料价格上涨及人民币升值，国内的一些传统产业开始失去了比较优势，如家电、纺织、重化工和轻工等产业的"夕阳"化色彩日渐浓厚。不仅反映这些产业产品的国际竞争力下降，还会因为随之而来的环境公害和资源匮乏成为国内经济转型升级的障碍。对于中国经济来说，要持续健康快速发展，只有通过产业结构调整和技术升级才能提高自身的竞争力，从而参与更高层次的竞争。而通过产业转移把比较弱势的产业转移到东盟经济发展相对适宜的国家，可以延长产业的生命周期，达到国内产业升级的目的。

反观日本，日本对东盟产业转移的动因与中国大体相同，可以简要总结为三点：第一，适应国内产业升级换代的需要，这是日本产业转移的主要动因，小岛清的边际扩张理论对此曾有充分论证。第二，寻求和扩大海外市场。第三，在东盟国家寻求资源，尤其是丰富的自然资源。

而日本通过产业转移的方式在东盟寻求市场及自然资源的双重目标效果更为直接和显著。

首先是从20世纪90年代开始，日本各大汽车制造企业充分利用了东盟低廉的劳动力，对东盟的汽车产业进行投资，在降低生产成本的同时，又占有了东盟的市场份额。2011年11月，日本铃木汽车在越南投资建厂,2012年3月丰田汽车公司又投资82亿泰铢在泰国兴建第四座工厂。此后,三菱、铃木公司相继在泰国增设厂房,日产公司扩大在泰国的汽车制造基地规模。2011年,日本JFE钢铁公司成立了泰国子公司——JFE钢铁电镀有限公司,主要生产高端热镀锌钢板,年产40万吨,服务于泰国汽车业。2012年,日本新日铁公司在泰国投资93.2亿泰铢(约合3亿美元),设立子公司——新日铁电镀有限公司,并建立了钢镀锌生产线,为泰国汽车制造商提供热镀锌钢板[①]。可以说,经过"二战"后长达几十年的持续投资,日本汽车产业在东盟已经形成一个产业链条完善的体系,东盟也随之成为日本汽车企业向亚洲扩张的据点。

其次是日本对东盟不断扩大的通信行业投资,既能拓展该地区市场,也可以满足其国内需求。2011年1月,日本电信运营商NTN Communications和马来西亚电信公司Telekom,就东南亚和日本间的第六条海底电缆共投资4.12亿美元事项达成协议。日本NTN公司拥有这六条光纤通信线路的三分之二所有权。而且,NTN公司还正在争取新加坡和菲律宾等国的内陆通信电缆建设权。

在寻求自然资源方面,日本对印度尼西亚国内能源资源的开发利用首屈一指。2006年,日本最大的能源开发商Inpex在印度尼西亚投资42.2亿美元发展天然气项目;2012年2月,日本住友商事株式会社发布计划称,到2016年将向印度尼西亚能源项目投资100亿美元,包括地热发电厂、煤和天然气项目。

---

① 中国驻泰国大使馆经商参处文《泰国机械行业概况》2013年5月22日。

二、中国对东盟产业转移现状

随着国际产业转移进程的加快,国际产业转移的方式趋于多元化。在 FDI 规模持续扩大的同时,外包、战略联盟及其他非股权方式发展迅速,但其中,国际产业转移的主导方式仍是对外直接投资①。所以,中国对东盟直接投资规模在一定程度上能反映出产业转移的状况。在这里的分析中,我们将主要采用中国对东盟直接投资的相关数据。为了更清晰地了解中国对东盟产业转移的特点,下文将从总体规模、国别分布和产业结构三个层面来剖析中国对东盟的产业转移状况。

(一) 总体规模

度过了 2008 年国际金融危机之后,中国和东盟的经贸联系更为密切,中国对东盟产业转移的水平也在逐步提高,东盟各国越来越成为中国产业转移的热土。许多国有大型企业和有实力的民营企业也纷纷走出国门,以东盟为直接投资目标国,加快了中国对东盟产业转移的步伐。

自 21 世纪初开始,中国对东盟的产业转移进入了一个快速发展时期。从投资存量来看,中国企业对东盟整体的直接投资存量在 2005 年首次突破 10 亿美元大关,达到 12.5 亿美元,提前一年完成突破 10 亿美元的目标。继之,中国对东盟直接投资规模又于 2010 年突破百亿美元大关,截至 2016 年

---

① 孟铁.国际产业转移与中国外贸商品结构分析[J].山西财经大学学报,2007,29(11):68-72.

12月,中国企业累计在东盟国家投资总额则已达到715.75亿美元之巨①。

表 4‐1 2006—2016 年中国对东盟直接
投资情况(单位:亿美元)

年份	2006	2007	2008	2009	2010	2011	2012	2013	2014	2015	2016
流量	3.36	9.68	24.84	26.98	44.05	59.05	61.00	72.67	78.09	146.04	102.79
存量	17.64	39.53	64.87	95.71	143.50	214.62	28.24	356.68	476.33	627.16	715.75

数据来源:2006—2016 年中国对外直接投资统计公报

从投资流量来看,中国对东盟的投资规模从 2007 年迅速扩大,直接投资流量较上年增长高达 188%,2008 和 2010 年的投资流量增长率也分别为 156.6%、63.2%。2015 年流量首次突破百亿美元达到 146.04 亿美元,同比增长 87%,创历史最高值。

表 4‐2 2006—2013 年各国对东盟的直接
投资额所占比重(单位:%)

国家 \ 年份	2006	2007	2008	2009	2010	2011	2012	2013
欧盟	22.8	26.0	19.0	17.9	18.9	30.4	15.8	22.0
日本	15.9	10.4	8.6	8.2	11.1	10.0	20.8	18.7
美国	6.4	12.7	6.3	10.9	12.2	9.4	9.7	3.1
中国	3.1	2.5	1.9	4.1	4.0	8.1	4.7	7.1
其他	51.8	48.4	64.2	58.9	53.8	42.1	49	49.1
合计	100	100	100	100	100	100	100	100

数据来源:ASEAN Statistical Yearbook,2014。

———————————

① 中国–东盟中心 http://www.asean-china-center.org/2015 – 03/16/c_134071065.htm.

不仅如此,中国在东盟吸收外国直接投资额所占比例同样呈逐渐增大之势。2005 年,中国对东盟直接投资额仅占 1.5%,到 2011 年底已经上升至 8.1%(如表 4 - 2 所示),虽然比例小于美国、日本等发达国家,但增长趋势明显。并且,2014 年中国对柬埔寨的直接投资位居其外国直接投资的第二位,对老挝及缅甸的直接投资在其吸引外资总额排名中均跃居于第一[①]。另外,截至 2016 年末,中国共在东盟设立直接投资企业近 4 300家,雇佣外方员工 28.3 万人[②]。

(二) 国别分布

从国别来看,中国对东盟十国直接投资的存量和流量在国别间均有较大差距。从总体趋势来看,2016 年东盟十国按中国对其直接投资流量计算,从大到小排名分别为新加坡、马来西亚、印度尼西亚、越南、泰国、柬埔寨、老挝、缅甸、文莱和菲律宾;东盟十国按中国对其东盟直接投资存量从大到小排名分别为新加坡、印度尼西亚、老挝、越南、缅甸、泰国、柬埔寨、马来西亚、菲律宾和文莱。截止到 2016 年末,中国对东盟的直接投资主要集中在新加坡、马来西亚、印度尼西亚、泰国和越南。

从下面表 4 - 3、图 4 - 1 和 4 - 2 观察中不难发现,中国对新加坡的直接投资的流量远高于其他国家。2016 年全年,中国对新加坡直接投资 31.72 亿美元,以 30.86% 的占比位居中国对东盟各国投资总量的首位。虽然在 2009、2010、2012 和 2015 年这

① 胡丁文.中国对东盟直接投资对双边贸易的影响分析[D].陕西:西北大学,2010.
② 2016 中国对外直接投资统计公报[R].2016.

表 4－3　2006—2016 年各年中国对东盟各国直接投资流量情况表（单位：万美元）

年份 国家	2006	2007	2008	2009	2010	2011	2012	2013	2014	2015	2016
菲律宾	930	450	3 369	4 024	24 409	26 719	7 490	5 440	22 495	-2 759	3 221
柬埔寨	981	6 445	20 464	21 583	46 651	56 602	55 966	49 933	43 827	41 968	62 567
老 挝	4 804	15 435	8 700	20 324	31 355	45 852	80 882	78 148	102 690	51 721	32 758
马 来	751	-3 282	3 443	5 378	16 354	9 513	19 904	61 638	52 134	48 891	182 996
缅 甸	1 264	9 231	23 253	37 670	87 561	21 782	74 896	47 533	34 313	33 172	28 769
泰 国	1 584	7 641	4 547	4 977	69 987	23 011	47 860	75 519	83 946	40 724	112 169
文 莱	—	118	182	581	1 653	2 011	99	852	-328	392	1 210
新加坡	13 215	39 773	155 095	141 425	111 850	326 896	151 875	203 267	281 363	1 045 248	317 186
印度尼西亚	5 694	9 909	17 398	22 609	20 131	59 219	136 129	156 338	127 198	145 057	146 088
越 南	4 352	11 088	11 984	11 239	30 513	18 919	34 943	48 050	33 289	56 017	127 904

数据来源：2006—2016 年中国对外直接投资统计公报。

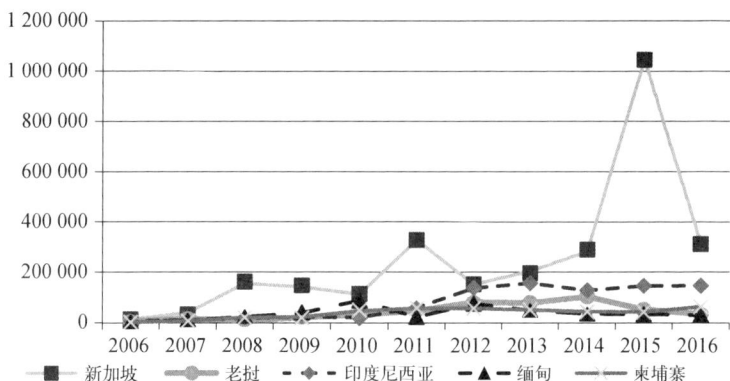

图 4‑1 　2006—2016 年中国对东盟部分国家直接
投资流量变化趋势(单位：万美元)

数据来源：2006—2016 年中国对外直接投资统计公报。

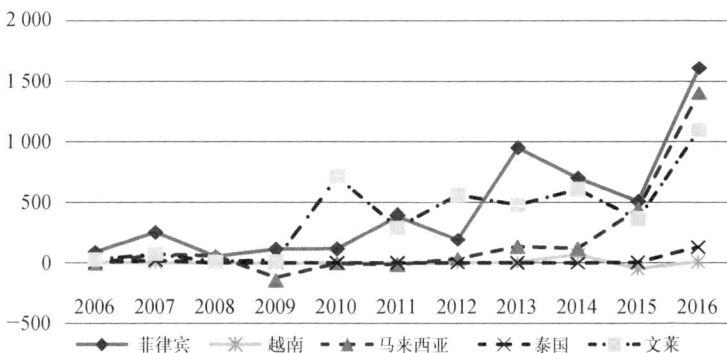

图 4‑2 　2006—2016 年中国对东盟部分国家直接
投资流量变化趋势(单位：万美元)

数据来源：2006—2016 年中国对外直接投资统计公报。

四个年度投资流量有所下降,但依然处于首要位置。同时,
2016 年中国对马来西亚和印度尼西亚全年投资流量分别为
18.30 亿美元和 14.61 亿美元,分别占比 17.80％和 14.21％,均

处于中国对东盟投资量的前列。另外,中国对马来西亚、泰国和越南的直接投资量走势相似,2016 年中国对三国的投资大大增加,相较于 2015 年分别增长了 274.29％、175.44％和 128.33％,增长速度位居前列。与此同时,2016 年中国对文莱的直接投资增速加快,比 2015 年增长了 35.25 倍,投资空间巨大。与之相反的是,2016 年中国对新加坡、老挝和缅甸的投资流量均有所减少,尤其对新加坡的直接投资下降了 69.65％。2006 年中国对东盟十国的直接投资额较少,分布也相对均匀,而 2016 年全年中国对新加坡、马来西亚、印度尼西亚、越南、泰国这五个国家的直接投资流量占对东盟总投资的 86.23％。中国对东盟各国的投资分布极不均衡。

具体到各国排序,新加坡从 2006—2016 年开始就持续保持第一位,虽然 2016 年的中国直接投资流量相比 2015 年有大幅下降,但它仍然是东盟十国里少数超过 10 亿美元中国直接投资流量的国家。马来西亚在 2016 年吸引中国投资的水平大大提高,由 2014—2015 年东盟十国中排序的第五位跃居第二位。印度尼西亚近年来吸引中国投资的水平趋于稳定,2014—2015 年在东盟十国中排名第二位,2016 年排名第三位。越南、泰国的排名比前两年均有所提高,于 2016 年提升至第四和第五位。

柬埔寨和缅甸的排名相较于前两年变化不大,仅排第六和第八位,老挝的排名有所下滑,2014 年排名第三位,2015 年排名第四位,到了 2016 年下降至第七位。中国对菲律宾和文莱的直接投资量不大,历年都排在最后两位,但两国吸引中国直接投资的水平出现了差异,2016 年中国对文莱的直接投资增长了 35 倍之多,而对菲律宾的直接投资却出现下滑趋势。

（三）产业结构

迄今为止，产业分类大致有以下几种：物质生产与非物质生产分类法、两大部类分类法、三次产业分类法、资源密集度分类法和国际产业标准分类法等。当前，三次产业分类法是国际通用的产业分类基本方法①。考虑数据的可获得性和操作的便利性，这里采用三次产业分类方法。

根据中国《国民经济行业分类》（GB/T4754－2002），三次产业划分范围如下：

第一产业是指农、林、牧、渔业。

第二产业是指采矿业，制造业，电力、燃气及水的生产和供应业，建筑业。

第三产业是指除第一、二产业以外的其他行业。包括交通运输、仓储和邮政业，信息传输、计算机服务和软件业，批发和零售业，住宿和餐饮业，金融业，房地产业，租赁和商务服务业，科学研究、技术服务和地质勘查业，居民服务和其他服务业等。

从产业整体规模上来看，中国对东盟转移的产业主要集中在第二、三产业。2012 年，东盟第二产业吸收了 71.90％的中国直接投资，虽然后三年，尤其是 2015 年出现了大幅度下降，但 2016 年的中国直接投资第二产业比重又有所回升，占比 49.50％。东盟第三产业的中国直接投资比重在 2015 年经历了大幅度增长，从 2012 年的 23.20％增长到 72.10％，跃居第一，不过 2016 年又下降至 46.90％（如图 4－3 所示）。可明显看出，东盟第三产业和第二产业吸收中国的直接投资比例差距逐渐缩

---

① 祁国志.浙江省对外贸易结构与产业结构关系研究［D］.浙江：浙江大学,2008.

小。另外,作为比重最小的第一产业,2011—2016 年所占比重一直都不足 10%。

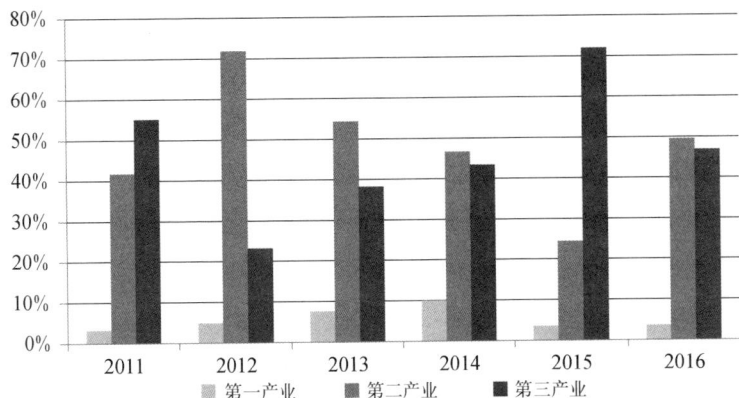

图 4 - 3 2011—2016 年东盟吸收中国直接投资产业分布变化图(单位: %)
数据来源: 2011—2016 中国对外直接投资统计公报。

具体到细分行业,2016 年中国对东盟直接投资的前五大行业是制造业(35.44 亿美元,占 34.50%),批发和零售业(19.63 亿美元,占 19.10%),租赁和商务服务业(13.71 亿美元,占 13.30%),房地产业(12.46 亿美元,占 12.10%),电力、煤气及水的生产和供应行业(6.64 亿美元,占 6.50%)(如表 4 - 4 所示)。其中,制造业主要分布在印度尼西亚、越南、泰国、马来西亚等;批发和零售业主要分布在新加坡、泰国等;租赁和商务服务业主要分布在新加坡;房地产业主要分布在马来西亚、新加坡等;电力、煤气及水的生产和供应行业主要分布在越南、印度尼西亚、泰国。[①] 这五大行业中,除了电力、煤气及水的生产和供应行业较 2015 年

---

① 胡丁文.中国对东盟直接投资对双边贸易的影响分析[D].陕西:西北大学,2010.

直接投资流量有所下降,其他行业都有不同程度的增长。房地产业的增长速度最快,2016年的增长率为608.58%;其次为电力、煤气及水的生产和供应行业,增长率达到113.72%;制造业和批发、零售业在2016年的增长率都超过10%。

表4-4　　　　　　2016年东盟吸收中国直接投资
流量行业分布(单位:万美元)

行　　业	流量	比重(%)	存量	比重(%)
制造业	354 370	34.5	1 314 969	18.4
租赁和商务服务业	137 106	13.3	1 122 250	15.7
采矿业	24 119	2.3	1 016 925	14.2
批发和零售业	196 304	19.1	968 975	13.5
电/热/燃气及水的生产和供应业	66 424	6.5	912 135	12.7
金融业	45 400	4.4	457 319	6.4
建筑业	63 487	6.2	450 678	6.4
农/林/牧/渔业	37 370	3.6	313 845	4.4
房地产业	124 590	12.1	198 793	2.8
交通运输/仓储和邮政业	−67 010	−6.5	182 306	2.5
科学研究和技术服务业	7 364	0.7	71 912	1
信息传输/软件和信息服务业	19 125	1.9	60 017	0.8
居民服务/修理和其他服务业	15 515	1.5	56 598	0.8
住宿和餐饮业	1 759	0.2	11 977	0.2

行　　业	流量	比重(%)	存量	比重(%)
文化/体育和娱乐业	3 149	0.3	7 917	0.1
水利/环境和公共设施管理	−1 877	−0.2	6 954	0.1
教育	581	0.1	1 660	0
其他行业	92	0	179	0
合　　计	1 027 868	100	7 155 409	100

数据来源：2016 年中国对外直接投资统计公报。

　　另外,投资流量超过 1 亿美元的还有建筑业(6.35 亿美元,占 6.2%),金融业(4.54 亿美元,占 4.4%),农/林/牧/渔业(3.74 亿美元,占 3.6%),采矿业(2.41 亿美元,占 2.3%),信息传输/软件和信息服务业(1.91 亿美元,占 1.9%)和居民服务/修理和其他服务业(1.55 亿美元,占 1.5%)(如表 5 - 4 所示)。其中,建筑业主要分布在马来西亚、印度尼西亚;金融业主要分布在印度尼西亚、马来西亚等;农/林/牧/渔业主要分布在缅甸、老挝、新加坡、柬埔寨等。虽然东盟在其他行业吸收的中国直接投资流量较小,但也可以明显看到,教育和文化/体育和娱乐业经历了较快速度的增长。

　　从 2016 年中国对东盟投资存量的行业分布情况看,前五大行业分别是制造业(131.50 亿美元,占 18.40%),租赁和商务服务业(112.23 亿美元,占 15.70%),采矿业(101.69 亿美元,占 14.20%%),批发和零售业(96.90 亿美元,占 13.50%)和电/热/燃气及水的生产和供应业(91.21 亿美元,占 12.70%)。但是在

2016 年投资流量的前五大行业中,制造业替代了租赁和商务服务业的位置。可见,中国在东盟制造业的直接投资额增长速度很快,而租赁和商务服务业增速相对较慢。

投资存量前五大行业中,制造业作为中国对东盟投资存量最大的行业,投资额超过十亿的国家有印度尼西亚(28.87 亿美元)、越南(24.79 亿美元)、新加坡(20.49 亿美元)、马来西亚(12.39 亿美元)。租赁和商务服务业主要分布新加坡、印度尼西亚、老挝、越南、马来西亚等;采矿业主要分布在新加坡、印度尼西亚、缅甸、老挝等国家;批发和零售业主要分布在新加坡、印度尼西亚、泰国、越南、马来西亚、菲律宾等国家;电/热/燃气及水的生产和供应业主要分布在新加坡、缅甸、印度尼西亚、老挝、柬埔寨等。其中存量超过十亿美元的行业中,中国对东盟金融业投资主要分布在新加坡、泰国、印度尼西亚、越南等;对建筑业投资主要分布作新加坡、柬埔寨、老挝、马来西亚等;对农/林/牧/渔业的投资主要分布在老挝、新加坡、柬埔寨、印度尼西亚等;对房地产业的投资主要分布在马来西亚、新加坡、老挝等;对交通运输/仓储和邮政业的投资主要分布在新加坡、泰国等。

三、日本向东盟区域的产业转移

(一)总体规模

20 世纪 50 年代,美国把劳动密集型产业转移到日本,国内大力发展资本密集型产业,在促进美国国内产业结构优化的同时也向日本技术输出,投资力度加大,从而带动了日本的经济发展。20 世纪 60 年代,日本也跻身成为产业转出国,开始向周边发展中国家进行初级产业转移,如东南亚国家。到了 20 世

90年代,北美自由贸易区和欧盟自由一体化进程的加快,日本更是加大了对亚洲的直接投资,所以对东盟的投资也相应出现了上升趋势。

回顾2006—2016这十一年间日本对东盟的直接投资情况,受到金融危机影响,导致2009年日本向东盟直接投资额仅有35.40亿美元。虽然2010年后比重又有所回升,但这一趋势并不长久,2012年又下降到63.97亿美元,2013年—2016年日本向东盟的直接投资有下降趋势,但保持在100亿美元之上,如图4-4、表4-5所示。

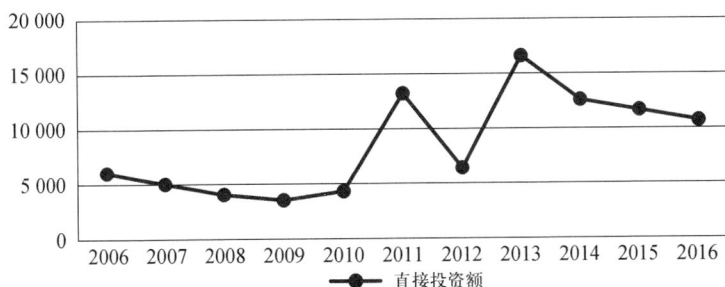

图4-4　2006—2016年日本对东盟直接投资情况(单位:百万美元)

数据来源:根据东盟-日本中心数据整理http://www.asean.or.jp/ja/asean/know/statistics.

表4-5　　　　　2006—2016年日本对东盟直接投资额
及增长率(单位:百万美元)

年　份	直接投资额	增　长　率
2006	6 038	41.21%
2007	5 007	−17.07%
2008	4 043	−19.25%
2009	3 540	−12.44%

年　份	直接投资额	增　长　率
2010	4 310	21.74％
2011	13 204	206.36％
2012	6 397	−51.55％
2013	16 587	159.30％
2014	12 594	−24.07％
2015	11 645	−7.54％
2016	10 709	−8.04％

数据来源：根据东盟－日本中心数据整理 http：//www.asean.or.jp/ja/asean/know/statistics.

（二）国别分布

从总体趋势看，日本在东盟直接投资的国别分布呈现集中化和发展不均衡的特点（如表4－6）。日本对东盟的直接投资主要集中在泰国、新加坡、印度尼西亚、马来西亚、菲律宾等五个东盟老成员国，约占日本对东盟总投资额的90％，而对于越南、文莱、柬埔寨、老挝等四个新成员国，日本仅对越南的投资量较大。自21世纪以来，日本开始加大对越南的投资，在过去十几年内日本对越南的投资保持着24.3％的年平均增长率。除2002年和2009年外，每年日本对越南直接投资额占当年日本对东盟4个新成员国投资总额的85％－97％。相比而言，日本对文莱、老挝、缅甸和柬埔寨的投资却很少。自2000年以来，日本对其累积投资量仅有4.73亿美元，占日本对东盟投资总额的4.05％。事实上，日本对五个东盟老成员国的投资力度也相差较大。过去十几年里，日本对东盟的直接投资主要集中在泰国,除 2006、2011 和 2012 年以外,泰国一直是日本对东盟直接投资的首要国家。虽然由于政治和本国突发的自然灾害等原因,日本在 2011 年大幅削减了对泰国的投资,但由于泰国具有完备的工业设施和廉价的劳动力,日本自 2012 年以后快速恢复了对泰国的投资。尽管泰国在未来一段时间里的政治风险仍难消除,但作为日本对东盟直接投资首要国家的地位料将难以撼动。

表 4-6　　2006—2013 年日本对东盟直接投资情况(单位:百万美元)

国　　家	2006	2007	2008	2009	2010	2011	2012	2013
越　　南	334	871	1 155	181	1 052	1 248	2 863	2 365
泰　　国	1 956	3 232	2 458	1 362	3 355	−948	5 070	6 890
新加坡	3 859	1 650	−1 257	641	2 046	−338	5 843	4 924
马来西亚	2 856	873	542	163	909	3 154	1 887	2 636
文　　莱	35	77	121	64	48	126	56	20
菲律宾	54	924	73	591	18	256	53	438
印度尼西亚	1 057	1 125	1 145	896	3 729	6 175	7 962	5 557
柬埔寨	5	31	38	7	6	22	14	39
老　　挝	1.6	18	10	13	8	12	0	0
缅　　甸	16.3	0.02	0.1	0.2	0.2	2	31	36

数据来源:根据东盟-日本中心数据整理 http://www.asean.or.jp/ja/asean/know/statistics.

(三) 产业结构

从产业整体规模上来看,日本对东盟转移的产业主要集中在第二、第三产业。2006 年,东盟吸收日本第二产业的直接投资高达 94.70％，虽然在随后几年有所下降，但仍然是日本对东盟直接投资最多的产业，所占比重持续过半（如图 4－5 所示），2011 年、2013 年、2014 年及 2016 年第二产业比中有所减少，特别是在 2016 年第二产业的比重降至 34.08％。东盟第三产业的日本直接投资吸收额比重虽然在 2006 年只有 5.35％，但随后几年呈直线增长，和第二产业比重的差距逐渐缩小，2011 年的比例超过第二产业，占 51.25％，不过 2012 年又有小幅度降低。另外，作为比重最小的第一产业，2008—2016 年所占比重一直都不足 5％。

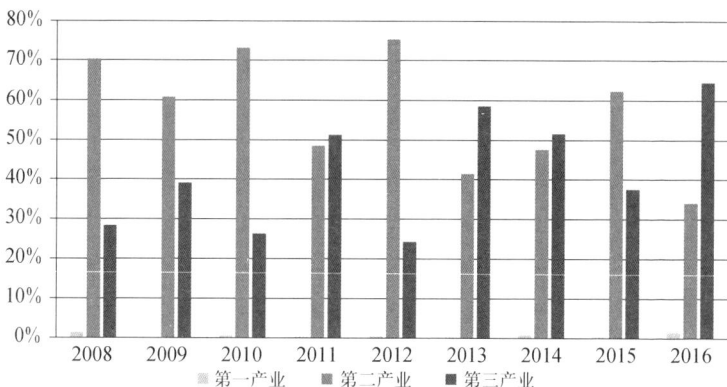

图 4－5 2008—2016 年东盟吸收日本直接投资产业分布变化图（单位：％）

数据来源：根据东盟-日本中心数据整理 http：//www.asean.or.jp/ja/asean/know/statistics.

具体到细分行业，2008—2016 年，日本对东盟直接投资的第二产业中以制造业为主导，而制造业中投资额最多的分布在交通运输设备（主要是汽车工业）、电气机械及食品工业。日本对东盟第三产业的投资主要以金融保险业、交通业、批发零售业和服务业为中心而展开（如表 4－8 所示）。

表 4-8　　　　　2008—2016 年日本对东盟十国直接
投资流量的主要行业(单位：10 亿日元)

行业＼年份	2008	2009	2010	2011	2012	2013	2014	2015	2016
农、林、渔业	81	7	42	40	35	32	187	51	107
制造业	3 995	3 852	5 336	7 132	6 226	8 939	10 832	13 214	7 529
采矿业	260	41	155	199	86	219	239	1 831	54
建筑业	24	43	10	54	43	193	192	78	507
交通业	246	1 376	160	460	453	809	774	2 016	957
通　信	398	17	24	427	271	236	1 587	1 188	1 022
批发零售业	108	457	820	867	1 272	1 439	1 774	1 995	1 421
金融保险业	1 047	545	848	5 806	—755	9 397	7 256	2 070	—20 671
房地产	61	71	—6	338	635	1 041	390	1 013	850
服务业	82	65	137	229	173	293	434	817	879

数据来源：根据东盟-日本中心数据整理 http：//www.asean.or.jp/ja/asean/know/statistics.

从 2008—2016 年东盟吸收日本直接投资流量行业分布中，可以清晰看出日本对东盟直接投资的行业分布具有不均衡的特点。在这九年间,日本对东盟直接投资增长较快的行业有制造业、建筑业、交通业、通信、批发零售业、房地产及服务业。其中，制造业主要分布在新加坡、印度尼西亚、马来西亚、越南和泰国；金融保险业主要分布在马来西亚、越南、印度尼西亚和新加坡；批发零售业主要分布在印度尼西亚、菲律宾和越南。另外,日本第一产业中的农林渔业投资主要集中于印度尼西亚。

表 4‑9　　2016 年日本对东盟投资的行业分布情况（单位：%）

行 业	占比	行 业	占比
制造业	53.76	非制造业	46.24
食品	10.93	农林业	0.16
纺织品	0.82	水产业	0.53
木材、木浆	0.93	采矿业	7.45
化学、医药	3.98	建筑业	0.32
石油	1.92	运输业	8.20
橡胶、皮革	0.91	通信业	4.83
玻璃、陶瓷	1.78	批发零售业	8.12
铁与非铁	5.26	金融保险业	8.42
机械	3.28	房地产业	4.12
电气设备	7.14	服务业	3.32
运输设备	13.23	其他	1.24
精密仪器	1.42		
其他	2.15		

数据来源：根据东盟‑日本中心数据整理 http：//www.asean.or.jp/ja/asean/know/statistics.

日本对东盟直接投资行业的选择，是由其自身产业结构的变迁和东道国产业结构调整两方面因素共同决定的。如上表 4‑9 所示，2016 年日本对制造业的投资占总投资额的 53.76%，远高于金融保险业、房地产等非制造业。在制造业中，日本主要投资于运输设备、食品和电气设备三个行业，投资占制造业总投资额的比例分别达到 13.23%、10.93% 和 7.14%。据统计，日本对东盟投资的运输设施中，摩托车占较大比率，在近几年日本加大了在越南开办摩托车厂的规模,这也导致了日本对越南直接投资量的增加。从非制造业来看,日本对东盟非制造业的投资主要集中在金融保险业、运输业和批发零售这三个行业,分别占日本对东盟非制造业投资总额的 8.42%、8.20% 和 8.12%。

四、中日对东盟产业转移现状对比分析

(一) 转移规模对比

在对东盟产业转移上,中国进入的时间要晚于日本。从两国可比性的角度出发,这里选择 2006—2016 这一时段中国对东盟的产业转移作为研究对象。

对于累积直接投资额而言,日本对东盟的累计直接投资额要远远超过中国(如图 4-6),但是日本和中国对东盟产业转移量在波动的过程中均呈现出增长的趋势。尽管中国对东盟的投资流量增长势头迅猛,与日本相比虽然差距明显,却也在逐渐缩小。

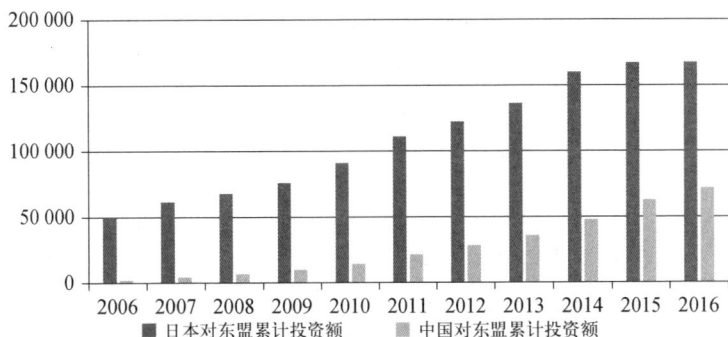

图 4-6 2006—2016 年中日对东盟累计直接投资额对比(单位:百万美元)

数据来源:中国对外直接投资公报、日本-东盟数据库中心。

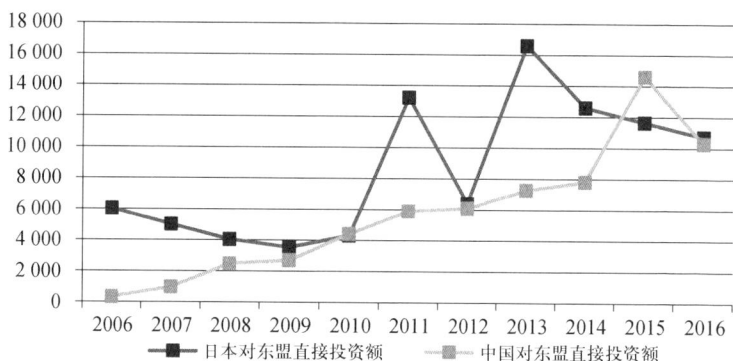

图 4-7　中国和日本对东盟直接投资对比图（单位：百万美元）

数据来源：中国对外直接投资公报、日本-东盟数据库中心。

由图 4-7 可知，中日两国对东盟的直接投资净值逐年递增，在东盟接受外国直接投资总量中所占的比重也逐年加重。从投资规模来看，2016 年日本和中国对东盟直接投资分别为107.09 亿美元、102.79 亿美元，位居对东盟直接投资的第三、四国家。无论是投资量还是投资比例，日本作为对东盟直接投资大国的地位优势明显，在短期内难改变。

2006—2016 年间，日本对东盟直接投资额与日本对东盟直接投资总额占日本对外直接投资额的变化趋势大致相同（如下图 4-8），2006—2009 年呈下降趋势，日本对东盟的直接投资额由 60.38 亿美元下降至 35.40 美元，占日本对外直接投资的比例也从 12.04% 下降至 4.74%。随后日本对东盟直接投资额与日本对东盟直接投资总额占日本对外直接投资额呈锯齿状波动，在 2016 年达到 107.09 亿美元和 6.31%。中国对东盟的直接投资额呈上升趋势，中国对东盟直接投资总额占中国对外直接投资额的变化上升趋势并不明显。

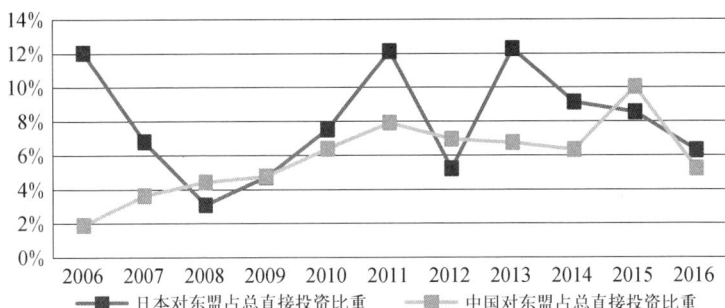

图 4 - 8　中国和日本对东盟占总直接投资比重对比图(单位：%)

数据来源：中国对外直接投资公报与日本-东盟数据库数据中心。

2015 年,东盟再次成为全球吸引外国直接投资的主要目的地之一,吸引外资总额 1200 亿美元,占外资对全球发展中经济体投资总额的 16%。大型跨国集团是东盟最主要的外国投资者,其在制造业、金融、基础设施、其他服务业等领域不断扩大对东盟的投资规模。东盟的跨国公司尤其是中小企业也成长迅速,其在东盟内部进行的跨国投资,提升了东盟吸引外资的总额。

总体上看,东盟在 2015 年吸引外资的两个最大亮点分别是：第一,东盟的制造业对外资的吸引力达到历史最高水平,从 2014 年的 180 亿美元跃升至 2015 年的 290 亿美元,涨幅达 61%;第二,投资者融资模式变化明显,股权融资占融资总额的比例从 2014 年的 70% 上升至 2015 年的 82%,达到历史高位。同时,东盟 6 个《区域全面经济伙伴关系协定》(RCEP)伙伴国(中国、澳大利亚、印度、日本、韩国、新西兰)对东盟的投资总额占所有外资投资额的 30%。投资者对东盟 4 个欠发达国家(越南、老挝、柬埔寨、缅甸)的投资意愿也持续增长,同比增长了

38％,达 174 亿美元。

尽管外国对东盟直接投资的势头持续强劲,但三方面主要因素影响了 2015 年外国对东盟的直接投资总额:一是外国投资者对东盟服务业尤其是金融行业的投资趋缓,总投资额下降了 21％;二是公司内部贷款占投资者融资总额的比例从 2014 年的 14％骤降至 2015 年的 1％,且公司内部贷款的净流出大于净流入,最明显的是新加坡和泰国;三是投资者跨境并购行为减少,并购总额较 2014 年下降了 8％。受上述三个不利因素的影响,加之全球经济总体形势不甚明朗,投资者信心受到了很大程度上的影响,2015 年,东盟地区吸引外资总额比 2014 年下滑了 8％。

2015 年,不计东盟内部的互相投资额,非东盟国家对东盟的总投资额为 979 亿美元。从国别上看,按流量计算,对东盟投资排名前 6 位的国家和地区为欧盟、日本、美国、中国、韩国和澳大利亚,投资额分别是 197 亿美元、174 亿美元、122 亿美元、82 亿美元、57 亿美元和 52 亿美元。从单一国别上看,日本、美国和中国对东盟的投资额分列第一、第二和第三位,占东盟吸引外资总额的 17.8％、12.5％和 8.4％。

东盟不仅是大型跨国集团投资的主要目的地之一,也是外国中小企业拓展海外市场的重要一站。尤其以日本和韩国的中小企业居多,主要来自电子产品和纺织服装产业,其投资目的或是在东盟开拓新的市场,或是利用东盟人力及原材料的价格优势,为大型跨国公司提供贴牌代工生产。

早在 2005 年的中国对东盟直接投资,其总额占中国对外直接投资份额的 13％,但该比重在 2010 年反而下降至 6％。同样情况也发生在日本对东盟的直接投资上面。日本对东盟的直接投资 2005 年占日本对外直接投资总额的比重为 49%,到了 2010 年该比例也下降至 16%的低位。可见,尽管中国对东盟直接投资规模渐渐扩大,但对于该地区吸收外来投资的比重而言却在缩小,可谓仍有值得大力挖掘的空间。

(二)转移国别对比

从国别来看,中国对东盟十国的直接投资的存量和流量在国别间均有较大差距。2016 年全年,中国对新加坡直接投资 31.72 亿美元,以 30.86%的占比位居中国对东盟各国投资总量的首位,对马来西亚和印度尼西亚全年投资流量分别为 18.30 亿美元和 14.61 亿美元,分别占比 17.80%和 14.21%,处于中国对东盟投资量的前列。截止到 2016 年末,中国对东盟的直接投资主要集中在新加坡、马来西亚、印度尼西亚、泰国和越南,由此可知中国对东盟各国的投资分布极不均衡。

相比之下,日本在东盟直接投资的国别分布呈现集中化和发展不均衡的特点。日本对东盟的直接投资主要集中在泰国、新加坡、印度尼西亚、马来西亚、菲律宾这五个东盟老成员国,约占日本对东盟总投资额的 90%,而对于越南、文莱、柬埔寨、老挝这四个新成员国,日本仅对越南的投资量较大。从投资的东道国上看,中国对老挝、缅甸和菲律宾这三个国家的直接投资的流量和累计存量均高于日本,可以利用这一国别差异有针对性地发掘东盟国家的投资市场。

(三)转移产业对比

从产业整体规模上来看,中国和日本对东盟转移的产业都主要集中在第二、三产业。2016 年的中国对东盟第二、三产业直接投资占比分别为 49.50％、46.90％。同年，日本的第二、三产业对东盟的投资占比分别为 34.08％、64.46％，相比之下，日本 2016 年对东盟第二产业投资比重低于中国，第三产业投资的比重高于中国。

具体到细分行业，2016 年中国对东盟直接投资的前五大行业是制造业（35.44 亿美元，占 34.50％），批发和零售业（19.63 亿美元，占 19.10％），租赁和商务服务业（13.71 亿美元，占 13.30％），房地产业（12.46 亿美元，占 12.10％），电力、煤气及水的生产和供应行业（6.64 亿美元，占 6.50％）。而同年日本对东盟直接投资以制造业为主导，而制造业中投资额最多的分布在交通运输设备（主要是汽车工业）、电气机械及食品工业。日本对东盟第三产业的投资也有涉及，主要围绕金融保险业、交通业、批发零售业和服务业展开。

（四）转移方式对比

进入 20 世纪 90 年代后，国际产业转移的方式趋于多元化，不过依然以对外直接投资为主。下文先对中国对东盟产业转移的方式进行总结，然后再和日本进行对比。中国对东盟的产业转移主要集中以下三种方式：

1. 新建投资

新建投资，也称为"绿地投资"，即中国在东盟某个国家建立一个新企业，可以采用独资的形式，也可以采用和东道国投资者、第三国投资者合资的形式。例如，中国科技部在新加坡设立中国首个海外高科技企业创新中心，华为、北大方正、华旗资讯等高科技企业均在当地设立了分支机构。除此以外，TCL 在胡志明市、海防和岘港都设有分公司。不仅如此，TCL 还在印度尼西亚、马来西亚和菲律宾建厂并有了立足点。

2. 跨国并购

跨国并购，即通过收购或合并来控制东道国的一家企业。例如，2002 年 1 月，中海油斥资 5.85 亿美元收购西班牙瑞普索石油公司在印度尼西亚五大油田的大部分股权。2002 年 4 月，中石油出资 2.16 亿美元收购 Devon Energy 公司在印度尼西亚的油气资产。2009 年 6 月 21 日，中国石油国际事业有限公司的全资附属公司中国石油国际事业新加坡公司，出资 10.2 亿美元收购吉宝公司所持新加坡石油公司 45.51％的股份。

3. BOT 投资

BOT(Build-Own-Transfer)(建设-经营-转让)是指东道国政府将继续建设缺乏资金的公共基础设施项目，通过招标或洽谈，签订特许协议，由民营企业(主要是外国投资者)投资设立的项目公司负责筹集资金，提供技术管理人员，建设东道国政府继续的特定工程。例如，2003 年 4 月，中国化学工程总公司、中国成大工程公司与印度尼西亚国家电力公司在雅加达签订了中国-印度尼西亚第一个 BOT 投资项目，中国成大工程公司将在印度尼西亚巨港市投资兴建 15 万千瓦的燃气发电厂，合同期限为 20 年；2006 年 2 月，中国水利水电建设集团以 2.8 亿美元以 BOT 方式投资建设柬埔寨甘再水电站。

日本对东盟产业转移主要方式包含了新建投资、跨国投资和 BOT 投资，尤其是新建投资。但是除此之外，服务外包也成为了近些年日本向东盟产业转移的主要方式之一。越南、菲律宾是日本服务外包的主要东盟国家,其中越南又是日本软件业第三大外包市场。菲律宾政府鼓励电信自由发展,启动了"投资优先计划",将服务外包纳入优先发展产业计划,并制定了一系列优惠政策。从事服务外包的企业在任何区域或经营场所均可向政府申请成为经济特区,享受优惠政策。

第二节　中日对东盟产业转移贸易效应分析

一、中日对东盟产业转移的贸易效应分析

(一) 市场视角

基于市场的角度,中日对东盟产业转移的原因可以归纳为以下两点:首先,某些产业在国内市场趋于饱和,失去比较优势,而东盟市场的这些产业处于比较优势,因此需要转向东盟开拓新的市场。其次,由于较高的贸易壁垒,通过贸易难以进入第三国市场,而东盟的一些发展中国家在第三国享有贸易优惠政策,所以中日选择通过产业转移来获得更便捷的海外市场。

中日对东盟产业转移的企业中很大一部分属于市场寻求型,这些企业的主要目标是拓宽国外市场,促进双边贸易,这种贸易效应主要表现在:

1. 通过营销网点的建立促进企业出口

可以说,在对外投资出现以前,一国的产品在国外没有市场

可言,只能被动地等待订单来扩大销售额。近年来,中国和日本的企业采用产业转移方式,通过对外直接投资在东盟国家构建市场销售网络,迅速提高了产品在国际市场上的份额。例如,中国的 TCL 公司为了支持海外市场的拓展,在印度尼西亚、马来西亚和菲律宾建立了稳定可靠的经销网络,有力促进了产品的出口;中国康佳集团在印度尼西亚也设立了分公司,大大提高了其彩电在海外的销售量;日本铃木、三菱等汽车企业也陆续在泰国、柬埔寨、越南等东盟国家新建工厂来提高其汽车及汽车零配件的出口。

2. 通过搜集信息、贴近市场来促进出口

中日通过产业转移的方式在东盟各国市场投资设立企业,可以接近产业移入国的主要市场甚至接近与东盟关系友好国家的市场,如此就方便企业及时获取东盟市场或第三国市场的供求信息,从而促进本国产品的出口。

另外,中日向东盟投资的企业可以掌握东盟市场上最新的技术水平、质量、价格等信息,并且能快速及时地反馈给本国公司,本国公司根据这些信息能够及时提供满足客户需求的产品或服务。例如,中国华为集团在新加坡、马来西亚等东盟国家设立了分支机构,帮助总部开发适合当地人需求的产品,在树立良好信誉的同时,又进一步扩大了出口。

3. 通过规避贸易壁垒来扩大海外市场

日本最开始对东盟的产业转移中,转移的产业是以劳动密集型产业为主,因为这些产业在日本国内相对饱和并处于比较劣势。中国也是如此,中国的服装、纺织、自行车和制鞋等行业国内生产能力过剩,同时又面临着日益严重的贸易壁垒(如出口配额限制,反倾销等)①。因此,这些行业的企业纷纷对外直接投资谋求向外转移,而有地缘优势之利的东盟自然成为中国和日本规避贸易壁垒,就地组织生产和销售,进行产业转移的便利之所。例如,中国在印度尼西亚设立的纺织企业,日本在泰国、越南等国家设立的汽车制造企业等。

在东盟国家的绿地投资可以带动国内相关设备出口,若是境外加工性质的投资,则会带动国内零部件、中间产品的出口。另外,欧美发达国家对来自于柬埔寨、越南、缅甸和老挝等东盟发展中国家的产品限制较为宽松,中国企业可以通过产业转移的方式绕路进入欧美市场。

(二) 资源视角

理论上而言,中日要从东盟获取自然资源有两种途径:一是从东盟进口自然资源,当进口渠道不能满足国内需求或者进口成本要高于国外生产的成本时,便可通过向东盟进行直接投资的方式开发当地资源;另一种途径是中日直接向东盟产业转移,在东盟设立资源导向型分支机构,向其他分支机构或第三国出口,这样便会促进自然资源进口。

中国和日本一样,人均自然资源贫乏,通过向东盟进行产业转移的方式能够获取东盟价格低廉、质量优良的稳定资源供给。例如中国石油、中国石化和中国海洋石油三家公司均通过收购,相继获取了印度尼西亚的部分油气资源开发权;日本住友商事株式会社也在印度尼西亚的电力、煤气和天然气等能源领域大

---

① 董秋林.中国对外直接投资的贸易效应[D].上海:复旦大学,2009.

力投资开发项目。中日两国对东盟以获取资源为动机的产业转移,一方面创造了从东盟进口的贸易效应,另一方面,东盟国家的资源开发也带动了其国内设备、制成品、技术及劳务的出口,引致出口贸易效应,双边乃至多边贸易的扩大和提升便顺理成章。

(三)技术视角

可以说,只有中国会向东盟进行以寻求先进技术为动因的产业转移。与日本相比,中国最需要缩小的是与发达国家先进企业之间技术差距,所以,中国在东盟进行的技术型导向型直接投资占有相当比例。东盟各国中技术先进的国家主要是新加坡和马来西亚,而中国企业对这两个国家通过产业转移进行直接投资,收购企业或者购买股份,一方面可以带动企业的技术引进,即从中学习先进技术和有效的管理经验和方法;另一方面又能开发和生产适合国际市场需求的新产品,扩大出口。

中国 TCL 在新加坡建立了研发中心,有 300 多名专家进行海外研发,利用当地先进技术,增强了产品的国际竞争力,其海外市场扩大由此受益。华为在新加坡、马来西亚设立研发中心,利用这些国家在技术方面的优势,并且结合当地市场,将先进技术引入国内,应用于国内或第三方国家[1]。

(四)贸易结合度视角

从本章的前述分析中可以观察到,中日对东盟产业转移规

---

[1] 刘丝.中国对亚洲直接投资的贸易效应研究[D].江苏:苏州大学,2011.

模的变化和双边贸易的变化具有趋同性,但我们有必要再从贸易结合度视角观察一下产业转移的贸易效应,以确定产业转移是否对双边贸易具有促进作用。

贸易结合度是一个比较综合性的指标,用来衡量两国在贸易方面的相互依存度,它是指一国对某一伙伴国的出口占该国出口总额的比重与该贸易伙伴国进口总额占世界进口总额的比重之比,其数值越大,表明两国在贸易方面的联系越紧密。通过分析这一数值近年来的变化趋势,可以分别判断出中国和日本对东盟国家近年来的贸易关系的密切程度。计算公式如下:

$$I^i_j = (X_{ij} / X_i) / (M_j / M_w) \qquad (4-1)$$

其中,X_{ij} 是 i 国对 j 国的出口额,X_i 是 i 国的出口总额;M_j 是 j 国的进口总额,M_w 是世界的进口总额。贸易结合度指数表明,与 j 国的进口占世界进口总额的比率相比,i 国对 j 国的出口占 i 国出口总额的比率有多大。如果后者的比率大于前者的比率,即 $I^i_j > 1$,说明 i 国和 j 国在贸易上存在着密切的关系;反之,则说明 i 国和 j 国在贸易上较为疏远。表 4-9、4-10 则分别表示 2004—2016 年中国和日本与东盟的贸易结合度指数。

根据联合国商品贸易统计数据库整理的数据计算,可以得出的 2004—2016 年中国与东盟的贸易结合度指数(表 4-9)。计算结果表明,自 2004 年以来中国与东盟国家的贸易结合度指数除了 2007—2008 年及 2009—2010 年期间有下降外,其余年份均有所提高,很显然,中国与东盟国家的贸易关系变得越来越密切。虽然 2008 年、2010 年的贸易结合度有所下降,但依然是大于 1。

表 4 - 9　　　　2004—2016 年中国与东盟的贸易
结合度指数(单位：亿美元)

年份＼金额	中国对东盟出口额	中国出口	东盟进口	世界进口	中国与东盟贸易结合度
2004	428.99	6 582.38	6 024.85	112 138.37	1.21
2005	553.67	8 363.58	6 981.61	127 207.68	1.21
2006	713.11	10 609.42	7 974.52	145 592.01	1.23
2007	941.47	13 422.66	9 098.29	168 725.86	1.30
2008	1 143.17	15 778.03	10 958.93	193 556.85	1.28
2009	1 062.57	13 311.22	8 832.88	155 127.10	1.40
2010	1 381.60	17 399.29	11 483.35	184 281.58	1.27
2011	1 700.71	20 843.97	13 726.16	218 988.10	1.30
2012	2 042.55	22 402.13	14 533.06	222 099.32	1.39
2013	2 440.40	23 927.56	15 003.07	228 115.58	1.55
2014	2 720.46	25 528.82	14 967.13	233 400.78	1.66
2015	2 772.91	25 359.67	13 577.08	208 464.03	1.68
2016	2 559.88	22 822.99	13 477.87	204 530.31	1.70

数据来源：根据 UNCOMTRADE 数据库整理，http：//comtrade. un. org/db/dqQuickQuery.aspx.

观察日本的数据,日本与东盟国家之间的贸易结合度指数要明显大于中国。日本与东盟的贸易结合度在 2004 到 2016 年间基本上是在持续上升,尤其是 2009 年后,该数值都是大于 2,贸易关系非常密切,并且从 2013 年开始数值大于 3,甚至在 2014—2016 年间日本与东盟的贸易结合度均在 4 以上(如表 4 - 10 所示)。

表 4‑10　　　　　　　2004—2016 年日本与东盟的
贸易结合度指数(单位：亿美元)

年份	中国对东盟出口额	日本出口	东盟进口	世界进口	日本与东盟贸易结合度
2004	367.61	6 727.02	6 024.85	112 138.37	1.02
2005	470.19	6 997.41	6 981.61	127 207.68	1.22
2006	600.46	7 698.05	7 974.52	145 592.01	1.42
2007	802.13	8 530.32	9 098.29	168 725.86	1.74
2008	978.19	9 217.60	10 958.93	193 556.85	1.87
2009	900.49	7 133.47	8 832.88	155 127.10	2.22
2010	1 174.89	9 123.35	11 483.35	184 281.58	2.07
2011	1 443.54	9 585.96	13 726.16	218 988.10	2.40
2012	1 697.34	9 481.67	14 533.06	222 099.32	2.74
2013	1 960.26	8 621.07	15 003.07	228 115.58	3.46
2014	2 229.84	8 599.92	14 967.13	233 400.78	4.04
2015	2 313.87	7 943.45	13 577.08	208 464.03	4.47
2016	2 192.59	8 174.31	13 477.87	204 530.31	4.07

数据来源：根据 UNCOMTRADE 数据库整理。

　　贸易结合度指数从侧面反映出中国、日本对东盟产业转移对双方贸易关系起到了良好的促进作用。这是因为中日对东盟的产业转移所引致的直接投资带动了各类企业大规模进入东盟各国市场,带动了中日相关原材料、机器设备、技术以及服务的出口,产生了出口促进效应。与此同时,在东盟加工生产的大量产品也会返销到中日两国市场,进口推动效应自然发生。由此可见,中日对东盟直接投资对进出口贸易的影响是显而易见的,其中既有出口促进效应,也有进口推动效应。

二、中日对东盟产业转移的贸易效应实证对比分析

产业转移对一国的外贸发展具有重要作用,尤其是对进出口贸易的影响最为主要。为此,我们还需要利用计量分析手段对产业转移之进出口贸易效应进行实证检验。这里采用协整方法,分别通过中国和日本的经验数据来分析中日对东盟产业转移与进出口贸易之间的内在联系,研究它们之间的长期动态均衡关系。

(一)变量选取与数据来源

1. 变量选取

在变量的选取上,这里选用中国对东盟直接投资流量作为解释变量,选择中国东盟进出口贸易额、中国对东盟的出口贸易额、中国对东盟的进口贸易额作为因变量。为了增加数据的平稳性,这里对选用的数据取对数。LFCI、LTXC、LEXC、LIMC 分别表示中国对东盟直接投资流量、进出口贸易额、出口贸易额及进口贸易额的对数。

同理,选取日本对东盟直接投资额对数 LFJI 为解释变量,选取日本东盟进出口贸易额的对数 LTXJ、出口额的对数 LEXJ 和日本对东盟进口额的对数 LIMJ 作为因变量。然后对 LFJI 与 LTXJ、LFJI 与 LEXJ、LFJI 与 LIMJ 等时间序列进行经济计量分析。

2. 数据来源

选取中国直接投资数据时,我们在这里采用的是 2006—2016 年对东盟分产业的直接投资流量,所有投资数据都是来自 2006—2016 年中国对外直接投资公报。在选用日本直接投资数据时,用的是 2006—2016 年对东盟的直接投资流量,数据

来源于日本-东盟数据库。另外,中日两国分别对东盟的进出口贸易额、出口贸易额和进口贸易额数据,均为我们根据UNCOMTRADE 数据库里的数据整理计算所得。

(二) 单位根检验

若要建立以因果关系为基础的计量经济学模型,所使用的数据必须是平稳的。所以这里在进行计量分析时,首先对所选的数据进行单位根检验,采用最具代表性的 ADF 检验方法。单位根检验的结果见表 4 - 11。

表 4 - 11　　　　　相关回归变量的 ADF 检验结果

变　量	ADF 检验值	临界值 1%	临界值 5%	临界值 10%	是否 平稳
LTXC	−2.385	−4.122	−3.145	−2.7141	否
一阶 LTXC	−1.832	−2.792	−1.978	−1.602	是
LEXC	−2.652	−4.122	−3.145	−2.714	否
一阶 LEXC	−1.743	−4.200	−3.175	−2.729	是
LIMC	−2.101	−4.122	−3.145	−2.714	否
一阶 LIMC	−5.005	−2.792	−1.978	−1.602	是
LFCI	−3.553	−4.200	−3.175	−2.729	是
LTXJ	−1.944	−4.122	−3.145	−2.714	否
一阶 LTXJ	−3.714	−4.200	−3.175	−2.729	是
LEXJ	−2.589	−4.122	−3.145	−2.714	否
一阶 LEXJ	−2.129	−4.200	−3.175	−2.729	是
LIMJ	−2.032	−4.122	−3.145	−2.714	否
一阶 LIMJ	−3.506	−4.200	−3.175	−2.729	是
LFJI	−2.043	−4.122	−3.145	−2.714	否
一阶 LFJI	−5.317	−4.200	−3.175	−2.729	是

由表 4 - 11 可以看出,水平序列的 LTXC、LEXC、LIMC、LFCI、LTXJ、LEXJ、LIMJ 和 LFJI 都不能拒绝单位根假设,说明它们的原序列是非平稳的,但一阶差分都拒绝了单位根假设,即都是一阶单整。在此基础上可以找出 LTXC 与 LFCI、LEXC 与 LFCI、LIMC 与 LFCI、LTXJ 与 LFJI、LLEXJ 与 LFJI、LIMJ 与 LFJI 之间的协整关系来分析两两变量之间长期稳定的关系。

(三) 协整检验

协整是指如果两个或两个以上变量的时间序列非平稳,但是其线性组合表现出平稳性,那么这些变量存在长期的平稳关系,即协整关系。协整检验根据检验对象可分为 Johansen 协整检验和基于模型回归残差的协整检验,这里采用后一种检验方法,其检验思想是对回归方程的残差进行单位根检验,若残差序列是平稳序列,则表明方程的因变量和解释变量之间存在协整关系。下文分别对中国和日本向东盟产业转移的贸易效应进行分析。

第一步:用 OLS 方法回归下列方程。按照模型设立的目的,分析中国对东盟产业转移对中国东盟进出口贸易额、出口贸易额和进口贸易额的影响,测度中国东盟进出口、中国对东盟出口、中国从东盟进口的 FCI 弹性,建立以下回归方程:

$$LTXC_t = \beta_0 + \beta_1 LFCI_t + \lambda_1 \qquad (4-2)$$

$$LEXC_t = \beta_2 + \beta_3 LFCI_t + \lambda_2 \qquad (4-3)$$

$$LIMC_t = \beta_4 + \beta_5 LFCI_t + \lambda_3 \qquad (4-4)$$

为了分析日本对东盟产业转移对日本东盟进出口贸易、出口贸易和进口贸易的影响,测度中日进出口、日本对东盟出口、日本从东盟进口的FJI弹性,建立如下回归模型:

$$LTXJ_T = \alpha_0 + \alpha_1 LFJI_T + \mu_1 \qquad (4-5)$$

$$LEXJ_T = \alpha_2 + \alpha_3 LFJI_T + \mu_2 \qquad (4-6)$$

$$LIMJ_T = \alpha_4 + \alpha_5 LFJI_T + \mu_3 \qquad (4-7)$$

第二步:ADF检验回归残差是否平稳。分别考察方程(5-2)-(5-7)的回归残差λ_1、λ_2、λ_3、μ_1、μ_2和μ_3是否平稳,如果回归残差平稳,则说明两个变量之间存在协整过程。根据这里搜集的相关数据对以上六个方程进行回归,用ADF方法检验回归残差的平稳性,检验结果如下:

表4-12　　　　　　相关回归变量的ADF检验结果

残差序列	ADF检验值	临界值1%	临界值5%	P值	结　论
λ_1	-2.309	-4.200	-3.175	0.044	1%平稳
λ_2	-2.211	-4.200	-3.175	0.062	10%平稳
λ_3	-2.657	-4.200	-3.175	0.049	5%平稳
μ_1	-2.194	-4.122	-3.145	0.002	1%平稳
μ_2	-2.313	-4.122	-3.145	0.001	1%平稳
μ_3	-2.242	-4.122	-3.145	0.002	1%平稳

由上述检验结果可以看出,残差序列都通过了平稳性检验,即方程(4-2)-(4-7)的残差项都是平稳的。这表明,中国对东盟产业转移与中国东盟进出口贸易、中国对东盟出口和中国从

东盟进口存在长期稳定关系,即协整关系。回归方程(4-8)-
(4-10)即为这种长期稳定关系的定量表示。同理,日本对东盟
产业转移与日本东盟进出口贸易、日本对东盟出口和日本从东
盟进口存在长期稳定关系,其定量表示为回归方程(4-11)、
(4-12)和(4-13)。

表4-13(1)　　　　　　　　**LTXC 与 LFCI 回归结果**

因变量: LTXC				
Variable	Coefficient	Std. Error	t-Statistic	Prob.
C	6.871	0.096	71.222	0.000
LFCI	0.325	0.028	11.810	0.000
R-squared	0.927	Mean dependent var		7.905
Adjusted R-squared	0.920	S.D. dependent var		0.519
S.E. of regression	0.147	Akaike info criterion		−0.861
Sum squared resid	0.237	Schwarz criterion		−0.774
Log likelihood	7.597	Hannan-Quinn criter.		−0.879
F-statistic	139.487	Durbin-Watson stat		1.011
Prob(F-statistic)	0.000			

表4-13(2)　　　　　　　　**LEXC 与 LFCI 回归结果**

因变量: LEXC				
Variable	Coefficient	Std. Error	t-Statistic	Prob.
C	5.950	0.115	51.711	0.000
LFCI	0.392	0.033	11.964	0.000
R-squared	0.929	Mean dependent var		7.198

因变量：LEXC				
Variable	Coefficient	Std. Error	t‑Statistic	Prob.
Adjusted R‑squared	0.922	S.D. dependent var		0.627
S.E. of regression	0.175	Akaike info criterion		−0.509
Sum squared resid	0.336	Schwarz criterion		−0.422
Log likelihood	5.307	Hannan‑Quinn criter.		−0.527
F‑statistic	143.147	Durbin‑Watson stat		0.871
Prob(F‑statistic)	0.000			

表 4‑13(3)　　　　　　　**LIMC 与 LFCI 回归结果**

因变量：LIMC				
Variable	Coefficient	Std. Error	t‑Statistic	Prob.
C	6.387	0.089	71.928	0.000
LFCI	0.260	0.025	10.252	0.000
R‑squared	0.905	Mean dependent var		7.213
Adjusted R‑squared	0.897	S.D. dependent var		0.420
S.E. of regression	0.135	Akaike info criterion		−1.027
Sum squared resid	0.200	Schwarz criterion		−0.940
Log likelihood	8.675	Hannan‑Quinn criter.		−1.045
F‑statistic	105.097	Durbin‑Watson stat		1.227
Prob(F‑statistic)	0.000			

　　我们根据表 4‑13(1、2、3)的数据，得出中国对东盟产业转移的贸易效应回归方程如下：

$$LTXC = 6.871 + 0.325LFCI \qquad (4-8)$$

$$LEXC = 5.950 + 0.392LFCI \qquad (4-9)$$

$$LIMC = 6.387 + 0.260LFCI \qquad (4-10)$$

表 4 - 14(1)　　　　　　　　**LTXJ 与 LFJI 回归结果**

因变量：LTXJ			
Variable	Coefficient	Std. Error	t - Statistic	Prob.
C	6.691	0.355	18.856	0.000
LFJI	0.206	0.084	2.465	0.031
R - squared	0.356	Mean dependent var		7.559
Adjusted R - squared	0.297	S.D. dependent var		0.120
S.E. of regression	0.167	Akaike info criterion		−0.597
Sum squared resid	0.308	Schwarz criterion		−0.510
Log likelihood	5.880	Hannan - Quinn criter.		−0.615
F - statistic	6.077	Durbin - Watson stat		1.213
Prob(F - statistic)	0.031			

表 4 - 14(2)　　　　　　　　**LEXJ 与 LFJI 回归结果**

因变量：LEXJ			
Variable	Coefficient	Std. Error	t - Statistic	Prob.
C	3.471	0.835	4.158	0.002
LFJI	0.845	0.197	4.295	0.001
R - squared	0.626	Mean dependent var		7.026
Adjusted R - squared	0.592	S.D. dependent var		0.617
S.E. of regression	0.394	Akaike info criterion		1.114

因变量：LEXJ				
Variable	Coefficient	Std. Error	t - Statistic	Prob.
Sum squared resid	1.705	Schwarz criterion		1.201
Log likelihood	−5.243	Hannan - Quinn criter.		1.096
F - statistic	18.448	Durbin - Watson stat		1.259
Prob(F - statistic)	0.001			

表 4‑14(3)　　　　　　　　　**LIMJ 与 LFJI 回归结果**

Dependent Variable：LIMJ				
Variable	Coefficient	Std. Error	t - Statistic	Prob.
C	5.862	0.357	16.412	0.000
LFJI	0.238	0.084	2.831	0.016
R - squared	0.421	Mean dependent var		6.865
Adjusted R - squared	0.369	S.D. dependent var		0.212
S.E. of regression	0.168	Akaike info criterion		−0.584
Sum squared resid	0.312	Schwarz criterion		−0.497
Log likelihood	5.795	Hannan - Quinn criter.		−0.602
F - statistic	8.013	Durbin - Watson stat		1.249
Prob(F - statistic)	0.016			

由表 4‑14(1、2、3)数据，我们同样可以得到日本对东盟产业转移的贸易效应回归方程下：

$$LFJI = 6.691 + 0.206LFJI \qquad (4-11)$$

$$LEXJ = 3.471 + 0.845LFJI \qquad (4-12)$$

$$LIMJ = 5.862 + 0.238LFJI \qquad (4-13)$$

(四) 计量结果对比分析

基于上述协整分析可以看出,中国和日本对东盟的产业转移都会对本国与东盟之间的贸易活动有促进作用。我们对中国对东盟直接投资额与中国东盟贸易变量和日本对东盟直接投资额与日本东盟贸易变量之间的协整方程再对比(如下表4-15所示),还可以得出以下几点结论。

表4-15　　　　　中国和日本协整方程中对东盟直接投资变量估计系数的比较

协整方程	中　国	日　本
进出口贸易/对东盟直接投资流量	0.325	0.206
出口贸易/对东盟直接投资流量	0.392	0.845
进口贸易/对东盟直接投资流量	0.260	0.238

数据来源:由2016年中国对外投资统计公报、东盟-日本中心的数据整理计算而得。

第一,从对东盟产业转移对进出口贸易的长期影响来看,日本对东盟直接投资流量对日本东盟进出口贸易的拉动作用比中国小。在其他因素不变的情况下,日本对东盟直接投资流量变动了1个百分点,日本与东盟的进出口贸易额同向变动0.206个百分点,而中国为0.325个百分点。

第二,从对东盟产业转移对出口贸易的长期影响来看,日本对东盟直接投资流量对日本东盟出口贸易的拉动作用是中国的将近两倍。在其他因素不变的情况下,日本对东盟直接投资流量变动1个百分点,日本对东盟的出口额同向变动0.845个百分点,而中国为0.392个百分点。

第三,从对东盟产业转移对进口贸易的长期影响来看,日本和中国的东盟直接投资流量对从各自从东盟进口趋势的影响都不大,但日本对东盟产业转移之于进口贸易的影响力则没有中国大。在其他因素不变的情况下,日本对东盟直接投资流量变动一个百分点,日本向东盟进口额就同向变动 0.238 个百分点,而中国为 0.260 个百分点。

第五章
汇总–几点结论

　　"东盟一体化进程是一个开放的进程,域内国家走向融合的同时,并没有排斥外部世界"①。中日两国作为东盟国家最为重要的经贸伙伴之一,双方对东盟国家的竞争合作关系也存在着不同的特征和重点差异,在竞争中合作,在合作中竞争都是三赢或者多赢的结果。可以预料的是,中国正在大力推进的国内经济结构性改革与国际"一带一路"倡议成效的日益显现,未来以消费为主要驱动力的中国经济增长无疑会更快、更多地惠及周边国家经济,这或将对除新加坡以外大多处于全球产业链中低端的东盟国家产生深远影响。尤其值得期待的是,域内诸国对华消费品出口规模的稳定而持续的增长,对提高东盟在亚太市场乃至全球产业链中的地位意义重大。本书根据区域之间经贸竞合关系的特点,从商品贸易、服务贸易、直接投资和产业转移四个方面对中国和日本在东盟的经贸竞合关系分别进行了探

---

① 田原"东盟经济发展前景继续向好",《经济日报》2016 年 08 月 25 日第四版。

讨,可以得出以下结论:

首先,本书比较分析了中日对东盟商品贸易的竞合关系。从两国对东盟商品贸易的竞争性来看,东盟市场的中日出口商品结构的确存在着相似性,这说明中日在东盟市场上的竞争关系值得正视。从细分的商品来看,相较于日本,中国在对东盟的劳动密集型产品出口上占有较大的优势,中国产业结构的日趋优化也使得中国的资本密集型产品在东盟市场上的竞争优势不断提高。而日本长期以来投入大量资金积极发展高新技术产业的努力,令其在对东盟出口的产品具备了资本密集、附加值高的特征,而其不再具有比较优势的产业则通过对外投资及技术转让逐渐转移到发展中国家。尽管中国对东盟的资本密集型产品出口规模不断增加,但竞争优势仍然体现在劳动密集型产品,在双方的竞争层次上处于较低的水平,出口相似度指数今后如何波动将取决于中国出口产品资本及技术含量的改善步伐。

从两国对东盟商品贸易的互补性来看,中日两国的贸易互补性指数与产业内贸易指数的实证结果是相似的。贸易互补性指数的变化表明中国和日本对东盟资本密集型产品的出口结构趋向收敛。虽然以"亚投行"为先锋的东盟区域基础设施建设如火如荼,中国与东盟的经贸投资合作的深度和广度都在加强,东盟对中国资本密集型产品的需求已成为拉动东盟经济增长的重要支撑点,但因日本多年来深耕东盟的资本密集产品市场,中国出口产品比较优势大多集中在资源及劳动密集型产品,这一局面短期内尚难以改变。而从产业内贸易指数上可以看出中日在与东盟的商品贸易中,初级产品的贸易互补性差异较大(SITC0-食品类与SITC3-矿物燃料类);劳动密集型产品中中国的贸易互补性要高于日本;资本密集型产品中日本的贸易互补性高于中国。

如上所述,中国与日本对东盟商品贸易的竞争性与互补性并存。短期看,中国对东盟市场的劳动密集型产品出口具有优势,而日本对东盟的资本密集型产品出口具有优势;若长期观察,随着中国对东盟出口结构的不断改善,中国与日本在东盟市场的出口商品结构应该也会呈现出趋同的特点。

其次,本书主要探讨了中日对东盟服务贸易的竞合关系。通过第二章的分析不难看出,近几年中国服务贸易额发展迅速,无论是进口总额还是出口总额都远超日本。日本对东盟服务贸易总体虽也呈增长趋势,但主要集中在其他商业服务、运输服务等领域。中国对东盟的服务贸易由于数据可得性的限制,因此以中国对最具代表性的新加坡的服务贸易为例来分析中国对东盟服务贸易的情况。

通过对中日服务贸易在新加坡市场竞争力和竞争优势比较分析,我们发现中国和日本两国在新加坡市场服务贸易综合竞争力上是存在一定差异的。通过 TC 指数分析中日两国在新加坡市场服务贸易分行业情况可以发现,中国主要优势产业为贸易相关、其他商业管理,主要劣势产业为知识产权使用费、金融行业。另外一个引人注目的现象是,近年来中国在新加坡的保险服务竞争力下降较快。日本的主要优势产业为知识产权使用费、保险行业,主要劣势产业为劳动密集的维护和修理服务。不能忽视的是,中国近些年运输竞争力快速提升的背后则是其他服务竞争力的持续下降。由 CA 指数分析观察中日两国运输服务和保险服务的竞争力情况,中国运输服务竞争力确实整体上有加强的趋势,但日本在运输贸易和保险贸易的竞争力仍明显高于中国。

在第三章,我们从东盟承接中日两国直接投资的角度,分析了其基本状况。在两国各自的发展路径、投资规模、行业结构以及经济效应等方面,其中日对东盟直接投资的差异性均很明显。具体而言,日本对东盟投资起步早、存量大、质量高,而中国对东盟投资则起步晚、起点高、增速快,但也存在比较大的市场和成本回收风险。中日对东盟直接投资国别分布上虽各有侧重,亦呈向弱势区域扩散之势。在直接投资引发的经济效应方面,实证分析结果表明:(1)中国对东盟的直接投资整体上是对东盟有利的,促进了东盟的经济发展。如中国对东盟的投资有利于促进东盟的出口贸易,改善东盟的国际收支状况,对东南亚金融危机前后出口-进口关系发生逆转有一定帮助;(2)中国对东盟直接投资的经济贡献整体上大于日本的贡献;(3)随着"一带一路"倡议的推进,中国对东盟投资力度加大后的综合经济影响力不容小觑,不远的将来产生的规模效应会反过来促进中国在东盟的进一步投资。

最后,本书在探讨中日对东盟产业转移及其贸易效应问题时,通过定性与定量两种方法对其进行了对比分析,主要结论如下:

(1)从转移现状上看,中日两国在转移规模、转移国别、转移产业和转移方式上皆有差异。其中,在转移规模上,日本对东盟产业转移规模远超中国,但中国对东盟产业转移增速却超过日本;在转移对象国别上,日本对东盟产业转移的国别集中分布在泰国、越南、马来西亚、印度尼西亚、新加坡和菲律宾,而对于老挝、缅甸和柬埔寨这三个最亟需发展的发展中国家,日本的产业转移量却非常小。中国对东盟的产业转移的主要国家为新加坡、缅甸、柬埔寨、老挝、泰国和印度尼西亚,比较而言分布相对较均衡。在转移产业方面,中国对东盟的产业转移行业主要集中在制造业、批发和零售业、租赁和商务服务业、房地产业和电力、煤气及水的生产和供应行业。日本对东盟的产业转移则主要分布在交通运输设备、电气机械及食品工业、金融保险业、交通业、批发零售业和服务业。在转移方式上,日本较侧重于新建投资的方式,而中国在新建投资、跨国并购、BOT 投资三种转移方式上的偏好并不明显。

(2)从转移的贸易效应上看,中日对东盟的投资总量对本国与东盟间的进出口贸易均有促进作用,但日本的该效应明显弱于中国;而反映在产业转移方面的贸易效应,日本具有明显优势,尤其是对东盟出口贸易的拉动作用更是近乎三倍于中国。观察中日两国对东盟的直接投资流量,则双方从东盟进口的增减趋势似乎并未受显著影响。

参考文献

［1］包艳.中日服务贸易与货物贸易相关性的实证研究［J］.辽宁大学学报（哲学社会科学版），2011，39（1）.

［2］陈楠.中国民营企业集群式对外直接投资探析［J］.黑龙江对外经贸，2009年第4期.

［3］陈茜.中国纺织服装业竞争力和产业贸易模式探究［D］.上海：复旦大学，2008.

［4］陈朝霞.中美服务贸易国际竞争力比较研究—基于服务贸易部门结构的分析［D］.杭州：浙江工商大学，2009.

［5］崔岩.日本的经济赶超.经济管理出版社，2009（61）.

［6］乔林生.日本对外政策与东盟［M］.北京：人民出版社，2006年12月第一版.

［7］戴宏伟.国际产业转移的新趋势及对中国的启示［J］.国际贸易，2007（2）.

［8］戴建伟.东北亚对东南亚的直接投资［J］.南洋资料译丛，2011年第2期.

［9］董秋林.中国对外直接投资的贸易效应［D］.上海：复旦大学，2009.

［10］关红玲，欧阳艳艳.新加坡金融服务双向贸易的决定因素［J］.亚太经济，2012（2）.

［11］郭静.中国、东盟对日纺织品服装贸易竞争力比较研究（1990—

2006)[D].桂林：广西师范大学,2008.

[12] 胡丁文.中国对东盟直接投资对双边贸易的影响分析[D].陕西：西北大学,2010.

[13] 江小涓.服务全球化的发展趋势和理论分析[J].经济研究,2008(2).

[14] 江莹凤.中国对东盟直接投资研究[D].广西：广西大学,2007.

[15] 鞠海龙,邵先成.中国-东盟减贫合作：特点及深化路径[J].国际问题研究,2015(04)：26-39.

[16] 柯建飞,于立新,裘莹.提升中国服务贸易国际竞争力[J].宏观经济管理,2017(07)：45-50+72.

[17] 雷兴长,赵明亮.中国服务贸易竞争力影响因素的数理分析[J].上海立信会计学院学报,2008(4).

[18] 李丽."10+3"框架下中日经贸关系——基于贸易流量指标和引力模型的分析[J].现代日本经济,2015(06)：75-91.

[19] 李杨,刘鹏.深化中国—东盟合作打造自贸区升级版[J].国际贸易,2015(06)：62-66.

[20] 廉德瑰.略论日本"海洋派"的对外战略思想[J].日本学刊,2012(1).

[21] 廉勇.中日韩对东盟贸易比较优势与策略选择[J].云南财经大学学报,2011(02).

[22] 刘长波.中日对东盟直接投资的母国经济效应比较研究[D].云南师范大学,2015.

[23] 刘江永.钓鱼岛争议与中日关系系面临的挑战[J].日本学刊,2012(6).

[24] 刘丝.中国对亚洲直接投资的贸易效应研究[D].江苏：苏州大学,2011.

[25] 罗云.中国与墨西哥贸易竞争性与互补性研究[D].北京：对外经济贸易大学,2010.

[26] 孟铁.国际产业转移与中国外贸商品结构分析[J].山西财经大学学报,2007,29(11).

[27] 聂东辉.中国金融业FDI对金融服务贸易的影响研究[D].北京：对外经济贸易大学,2009.

[28] 潘悦.国际产业转移的四次浪潮及其影响[J].现代国际关系,

2006(4).

[29] 祁春凌.TPP 对中国-东盟自贸区的挑战及中国的应对之策[J].对外经贸实务,2015(01):8-11.

[30] 祁国志.浙江省对外贸易结构与产业结构关系研究[D].浙江:浙江大学,2008.

[31] 乔林生.日本对外政策与东盟[M].北京:人民出版社,2006 年 12 月第一版.

[32] 桑百川,杨立卓,郑伟.中国对外直接投资扩张背景下的产业空心化倾向防范——基于英、美、日三国的经验分析[J].国际贸易,2016(02).

[33] 佘硕,曹勇,长平彰夫.知识密集服务业对日本制造企业作用的客户视角研究[J].中国科技论坛,2010(3).

[34] 石井久哉.日本对中国和东盟直接投资的动向与展望[J].南洋资料译丛,2004 年第 3 期.

[35] 史本叶,张超磊.中国对东盟直接投资:区位选择、影响因素及投资效应[J].武汉大学学报(哲学社会科学版),2015,68(03).

[36] 孙莹,李二青.中国-东盟高技术产品产业内贸易问题研究[J].首都经济贸易大学学报,2017,19(4):45-53.

[37] 谭立文,田毕飞.美日欧跨国公司离岸服务外包模式的比较研究及启示[J].中国软科学,2006(5).

[38] 唐金成,梁悦.中国-东盟保险业发展比较与经验借鉴[J].东南亚纵横,2009(06):60-63.

[39] 田庆立.战后初期日本国家战略的三大转变及其原因分析[J].哈尔滨工业大学学报,2011,13(4).

[40] 王娟.中国-东盟国家服务贸易效应的实证研究[D].成都:西南交通大学,2011.

[41] 王俊桦,张建中.21 世纪海上丝绸之路背景下中国-东盟经贸合作研究[J].东南亚纵横,2015(07):3-7.

[42] 王蕊.中国与日本在东盟国家的经济竞争分析[J].国际经济合作,2014(04):62-65.

[43] 王晓蓓,李俊.中国对东盟直接投资区位选择的影响因素[J].东南亚

纵横,2011(12).

[44] 王颖.国际金融服务贸易自由化效应分析及其对发展中国家的启示 [D].吉林:吉林大学,2004.

[45] 魏江,沈璞.知识密集型服务业创新范式初探[J].科研管理,2006, 27(1).

[46] 巫文勇.金融行业协会在金融监管中的作用—兼评中国现行金融行 业协会的缺陷与不足[J].上海金融,2010(1).

[47] 武心波.当代日本社会与文化[M].上海外语教育出版社,2001 年 9 月第 1 版.

[48] 谢斌,王箫轲."一带一路"背景下中日对东盟贸易的竞争、互补分析 [J].东北亚外语研究,2017,5(01):88-92.

[49] 徐春祥.基于双视角的中韩水产品贸易互补性研究[J].商业研究, 2010(1).

[50] 徐步,张博.中国—东盟贸易关系现状、问题和前景展望[J].亚太安全 与海洋研究,2017(05):1-20+128.

[51] 殷凤.国际服务贸易影响因素的实证研究.中国服务经济报告 2006 [M].北京经济管理出版社,2007.

[52] 于峰,孙洪波.中国对外双边贸易均衡影响因素的实证分析—基于中 国与 114 国的相关面板数据[J].世界经济研究,2011(10).

[53] 张晓钦.中国-东盟自贸区运行绩效及持续发展路径[J].现代国际关 系,2015(07):25-31.

[54] 张晓燕,孙乾坤."一带一路"建设背景的中国与东盟地区的贸易往来 [J].改革,2017(09):57-65.

[55] 张扬.中国过剩产能向东盟转移的战略研究[D].江西:江西财经大 学,2009.

[56] 张中元,沈铭辉.中国-东盟自由贸易区对双边贸易产品结构的影响 [J].中国社会科学院研究生院学报,2017(05):130-144.

[57] 赵晓迪.中国对外直接投资长期发展趋势[M].北京:新华出版社, 2009 年 9 月第一版.

[58] 郑磊.中国对东盟直接投资研究[D].东北财经大学,2011.

[59] 庄惠明,黄建忠,陈洁.基于"钻石模型"的中国服务贸易竞争力实证

分析[J].财贸经济,2009(3).

[60] 邹国勇,吴琳玲.TPP、RCEP 背景下的中国—东盟自贸区建设：挑战与应对[J].吉首大学学报(社会科学版),2016,37(02)：53-61.

[61] Andrea Martinez-Noya, Esteban Garcia-Canal. Technological capabilities and the decision to outsource/offshore R & D services [J]. International Business Review, 2011(20).

[62] C. Koh, etc. IT outsourcing success: a psychological contract perspective [J]. Information Systems Research, 2004, 15(4).

[63] Jae-Nam Lee, Byounggu Choi. Effects of initial and ongoing trust in IT outsourcing: A bilateral perspective [J]. Information & Management, 2011 (48).

[64] K. V. Kesavan. Japan's Relations with Southeast Asia, 1952-1960. Bombay: Somaiya Publication, PVT. Ltd. 1972, p123.

[65] Linda Cohen, Allie Young. Multisourcing [M]. Boston: Harvard Business School Press, 2005.

[66] Miles, et al.Knowledge-Intensive Business Services[R], 1995-03.

[67] Niehaves Bjoern, Plattfaut Ralf. Collaborative business process management status quo and quo vadis [J]. Business Process Management Journal, 2011, 17(3).

[68] R. Mclvor. How the transaction cost and resource-based theories of the firm inform outsourcing evaluation[J]. 2009, 27.

[69] S. Katayama, S. Lahiri, E. Tomiura. Cost heterogeneity and the destination of Japanese foreign direct investment: A theoretical and empirical analysis[J]. Japan and the World Economy, 2011.

[70] Siffat Ullah Khan, Mahmood Niazi, Rashid Ahmad. Barriers in the selection of offshore software development outsourcing vendors: An exploratory study using a systematic literature review [J]. Information and Software Technology, 2011 (53).

[71] Vytautas Snieska, Aura Draksaite. The role of Knowledge Process Outsourcing in Creating National Competitiveness in Global Economy[J]. The Economic Conditions of Enterprise Functioning,

2007, 3(53).

[72] Zarir Saadullah Khan M, Ismail Hossain M. A Model of Bilateral Trade Balance: Extensions and Empirical Tests [J]. Economic Analysis&Policy, 2010, 40(3).

后　记

　　柬埔寨首都金边的两座桥梁,无意间似乎成了中日两国在东南亚经济领域角色变化的典型象征。据日本共同社 2015 年 10 月 23 日报道,由中国提供贷款援助柬埔寨建设的"中柬友谊桥"在前一天举行了通车仪式,与日本援建的"日本柬埔寨友好桥"相邻而搭。该桥梁全长约 720 米,横跨柬埔寨首都金边的洞里萨河(湖),紧挨着日本 20 世纪 60 年代援建 90 年代重修的"日柬友好桥"。现在,中柬新桥负责进京方向交通,日柬旧桥负责出京方向交通,至少在金边的交通上,中日分工明确,相得益彰。同日的参考消息网对此评论道,"中日两国分别出资建造的桥梁相邻而搭,可以说是两国对东南亚国家援助竞争的象征"。

　　作为东盟的重要成员也是中国推进"一带一路"倡议的战略支点之一,柬埔寨境内发生的上述"桥梁插曲"说明,随着中日两国与东盟经贸关系的飞速发展,东盟已经是中日两国在国际经济领域竞争的一个重要舞台。不管谁的战略或倡议,至关重要的是必须赢得东南亚国家的理解才能有望实现初衷。为此,中国-日本-东盟的经贸三角关系如何形成、如何演化特别值得关注。何况,东盟区域本身就是中国周边经济研究的一个热点,深入分析中日在东盟市场内的竞争性与互补性状况,对于中国在东南亚推进"一带一路"倡议的环境优化具有重要的现实意义。

当然,日本作为传统的贸易和投资大国,其在东盟市场的成功经验亦值得中国学习和借鉴。我们知道,以安倍晋三首相于2017年5月派日本自民党干事二阶俊博出席了在北京举行的"一带一路"峰会为契机,中日关系开始出现回暖的迹象。其后,安倍表示愿意在一定条件下,探索与中国在"一带一路"倡议上的合作渠道。2018年5月,频频被推迟的中日韩领导人峰会在日本东京召开,中国国家总理李克强成为时隔八年后首次访问日本的中国国务院总理。同年6月,"推动构筑新型国家关系与人类命运共同体——纪念《中日和平友好条约》缔结40周年"国际学术研讨会在上海举办。应邀参会的日本前首相福田康夫先生适时提出了"求同减异"的中日关系相处的新原则,获得了在场中日学术界和外交界人士的广泛赞同。在本书即将付梓的时刻,10月5日的《日本经济新闻》发表了题为"日中和平友好条约40周年,日中从竞争走向合作"的文章,大胆预言,"日中经济合作扩大至第三方,成为推动两国关系改善的杠杆"。这说明,历经漫长的冰霜期后,中日逐渐找到了基于共同利益和目标的部分共识,这对于未来减少可能滋生中日矛盾的异质性土壤至关重要。

中日两国在东南亚的投资与经贸合作,尽管各有侧重、各有优势,但是除高铁建设这种政策性极强的个案外,真正发生过正面冲突性的商业竞争案例比较罕见。无论中日,对东南亚国家进行投资或其它经贸合作的出发点首先是根据自己的国内需求,因而各自涉足的领域必然是自己擅长的行业或者地区,市场错位竞争的概率更大。可以说,在广阔的国际经济舞台上,中日双方的经济角色绝不仅仅是竞争性的,既竞争又合作、竞争与合作长期并存的局面才是真相。正如本书研究结论所揭示的那样,东盟与中日的区域经济一体化促进了相互之间的贸易投资关系,从经济增长和福祉增加的角度而言,是国际社会最为期盼的、难得的多赢结果。

若福田康夫先生所倡导的"求同减异"的睦邻原则首先在中日之间得以实现,定会对发挥双方技术和产业优势的经贸投资的分工合作开辟新路,从而降低各自的经济甚至政治成本,同时为东南亚地区带去更大、更优厚的福祉。当然,"求同存异"升级为"求同减异",无疑是对中日关系发展的巨大贡献。所以,如何探索立足于第三方区域的中日经贸合作,争取最大限度的互利共赢才是新时代的新命题。

本书早在 2010 年即开始动笔,历经 20 余次修改后才终于赶在 2018 年国庆长假前的最后一天定稿,费时近 8 年时间。这一方面确实有作者学养不足、对定位于东南亚的中日经贸关系展开的全貌描绘能力欠缺的因素,但客观上也反应了中日政治经济关系难以掌控的复杂程度。上海理工大学中国周边经济研究中心自 2007 年开展东南亚研究以来,一直集中一部分师生跟踪研究该区域内中日两国经济力量进出方式及其角色演变问题。了解与研判中日经济力量在海外市场的布局和竞争态势固然意义重大,但若是在 10 年前的全球金融危机期间,我们就提出基于国际第三方视角的中日海外合作建议,或许各个层面的读者都难以接受。而今正当全国上下迷茫于中美贸易战越演越烈的焦虑时期，毫无疑问的是，作为世界第二和第三大经济体的中日两国"有责任共同努力维护世界的和平与繁荣"。《日本经济新闻》9月4日的"日中启动基础设施建设合作"报道稿中更是直言，积极推进立足第三国的跨境合作，"日本方面不希望跟中国的基础设施投资竞争日趋激烈，意图促使中国实施透明度高的投资。中国也会希望在籍此减少舆论对其海外基础设施投资差评的同时，尽量牵制美中贸易战"。

我们期望自己的研究成果可以让读者深刻理解中日竞争合作并存的现实，为学术界或决策者提供推进"一带一路"倡议东南亚战略支点建设的经贸环境评估参数，退一步说，即便可以借此树起一个观察中国周边经济形势的另类风向标，也有其积极意义。

文汇出版社责任编辑黄勇先生为本书的出版可谓殚精竭虑，为保证内容质量甚至数度推迟出版计划，终令我们捧出自己还算满意的作品以飨读者。作者的感谢难以言表，只能用加倍的努力和认真来回馈这种信赖。

最后，我们还必须感谢那些努力为本书搜集素材和整理各类图表不懈接力的上海理工大学"中国周边经济研究中心"的历届硕士研究生们！他们是何波江、罗希、彭佳娟、谢泽宇、曾彪、夏莹、黄慧、陈超、蒋翠竹、李雪婧、刘家福、齐婵、江惠婷、陈晓芳、袁园、曹林秋、甄琳、朱美凤、党梦雅、马兵茹、管媛媛、张存才、徐雪颖、周婕星、董晨晨。

作者

2019 年 4 月 10 日于上海

图书在版编目(CIP)数据

中日在东盟的经贸关系研究 / 魏景赋,郭健全,
王疆著. —上海：文汇出版社,2019.4
ISBN 978 - 7 - 5496 - 2852 - 0

Ⅰ.①中… Ⅱ.①魏… ②郭… ③王… Ⅲ.①对外经
贸合作—经济贸易关系—研究—中国、日本、东南亚国家
联盟 Ⅳ.①F125.53

中国版本图书馆 CIP 数据核字(2019)第 082566 号

中日在东盟的经贸关系研究

著　　者／魏景赋　郭健全　王　疆

责任编辑／黄　勇
特约编辑／建　华
封面装帧／王　翔

出版发行／文汇出版社
　　　　　上海市威海路 755 号
　　　　　(邮政编码 200041)
经　　销／全国新华书店
排　　版／南京展望文化发展有限公司
印刷装订／上海颛辉印刷厂
版　　次／2019 年 4 月第 1 版
印　　次／2019 年 4 月第 1 次印刷
开　　本／889×1194　1/32
字　　数／210 千字
印　　张／6.125

ISBN 978 - 7 - 5496 - 2852 - 0
定　　价／50.00 元